管理なしで組織を育てる

CAN A COMPANY RUN WITH NO MANAGEMENT?
Exploring workstyle innovation and sustainable organizations

ダイヤモンドメディア代表取締役
武井浩三

大和書房

はじめに
——組織にモヤモヤしているあなたへ

「うちの上司、ダメなんだよなぁ……」
「悪い人たちじゃないんだけど、このチームはパフォーマンスが低いな……」
「この組織、このままだとあと数年、いや、下手したら数ヶ月で行き詰まるだろうなぁ」

そんなモヤモヤを抱えながら働いているビジネスパーソンに何か気づきがあるかもしれないと思い、僕はこの本を書くことを決めた。

僕は2007年に仲間たちとともにダイヤモンドメディアという会社を立ち上げた。経営の常識を知らなかった僕らは、試行錯誤しながら「良い組織とは何か?」を考え続けた。気づけば、一般的な会社組織とは異なる形に成長し、「ホラクラシー」「ティール組織」などに代表される「管理しない経営スタイルの会社」と言われ、注目してもらえるようになった。

とは言え、最初に断っておくと、この本は実用的な「ホラクラシー」「ティール組織」の運営方法について体系的にまとめた本ではない。僕たちの創業時からの歩みを赤裸々に書くことで、「どうしたらそんな会社ができるんですか？」とよく言われる僕らの組織づくりのエッセンスを読み取ってもらうことを狙いとした。その理由をまずはお伝えしたいと思う。

1冊目の本（『社長も投票で決める会社をやってみた。』WAVE出版・2018年）を書いてから、組織づくりについてご相談をいただくことが増えた。

しかしずっと違和感があった。組織論になるといつも「どう成果を上げるか」や「上司が部下を育てる方法」などのHow toに終始したがる方が多かったからだ。

「ダイヤモンドメディアではうまくいったかもしれないけど、こういう時はどうしたらいいですか？」

そんな質問を数多く受けてきたが、その度に「そういうことじゃないと思うんだよなぁ」という気持ちが拭えなかった。

あるとき気づいたのが、「組織づくりと子育てには共通点が多い」ということ。

子育てでも、慣れないうちはHow toばかりを追いかけてしまう。子供を寝かしつける方法、離乳食を食べない子になんとか食べさせる方法……。

でも、僕自身が2人の子供を育てていて思ったことは、How toの知識は少しだけ子育てを楽にしてはくれるけれど、子供の育ちに本質的な影響を与えることは少ないということだ。

なぜならそこには「子供自身が何をしたいかを親が観察する、汲み取る」という視点が抜けていることが多いからである。もっといえば「（子供を）コントロールしたい」という親のエゴだとさえ思う。

僕はダイヤモンドメディアを経営するにあたり「組織自身が何を求めているか」を観察することに終始してきた。ある時から、組織は生き物であり、有機的なものだと考えてきた。

今までのヒエラルキー型の組織づくりは「パーツを集め、上手に組み立てる」「正解がある」という、言うなれば「プラモデル式」だったのではないかと思う。

僕たちが取り組んできたのはそうではなく、「組織自身がどこに向かいたがっているかを観察し、成長を妨げる要素を減らす」「正解がない」という組織づくりだ。

だから僕たちの組織づくりを体系的に整理したとしても、それを出版して偉そうに「教える」っていうのはなんだかしっくりこない。

ひたすら「良い組織にするためには？」と自問自答しながら歩んだ結果が今であり、今が完璧だとも思っていないからだ。

ただ、そのストーリーを参考にしてもらうことはできるかもしれない、と思った。

子育てにおいて、その子が大人になってからだって「正しい子育てだったかどうか」なんてわからない。

だけど面白い人に出会ったときに「どんな人生を送ってきたのかな」「この人の親御さんはどういう子育てのアプローチをしたのかな」と気になることはある。

だから今回は僕たちのストーリーを正直に語ることによって、「自分たちの組織だったらどうするかな」と考えてもらえたら、と思ったのだ。

「人」ではなく「組織の形」に目を向ける

では、僕たちの会社について何も知らずにこの本を手にとってくれた人に、簡単に自己紹介をしたいと思う。ここ2、3年の間、僕らの会社、ダイヤモンドメディアの取り組みについて、メディアの取材や講演の機会が急激に増えている。

注目されているのは、次に挙げるような少し変わった組織のあり方や働き方だ。

・上下関係のないフラットな組織構造（役職、上司・部下という関係がない）
・メンバーに対する徹底した情報公開（各自の給料の額も！）
・給料はみんなで話し合って決める
・社長と役員は選挙と話し合いで決める
・自由な働き方（働く場所、時間、休みは各自が決める。副業・兼業も自由）

これまでの一般的な組織では、ヒエラルキー型の組織構造が前提となっていて、経営者や上司が目指すゴールやルールを決め、部下に対して一方的にタスクを割り振ってやらせるという「管理」が必要不可欠だ。

そうではなく、メンバーそれぞれが話し合って自律的に動いていくのに任せるのが僕らのやり方。

ひとことで言うと「管理しない経営」だ。

管理しない経営とは?

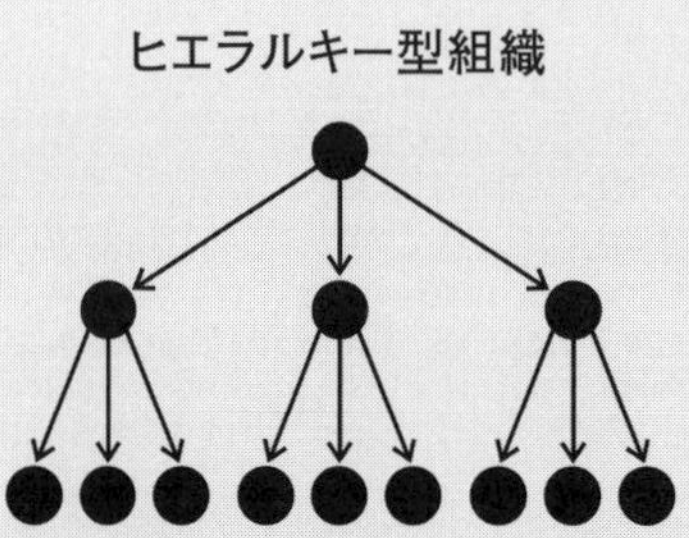

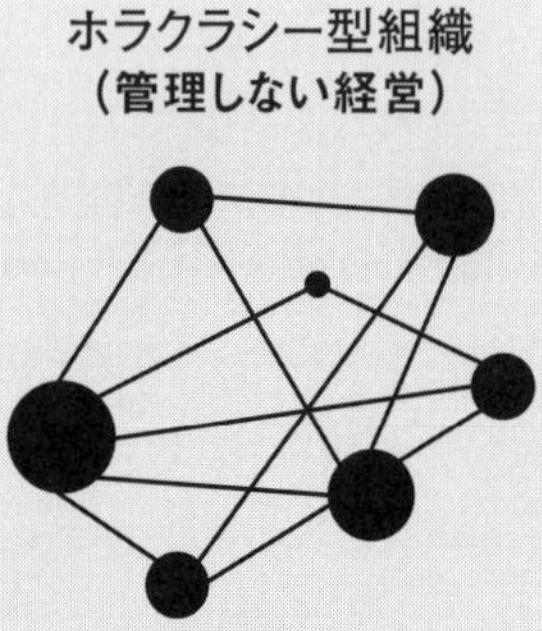

	ヒエラルキー型組織	管理しない経営
リーダーシップ	権力・ポジション	人望・サーバント
意思決定	トップ	分散
関係	上下	対等
情報	統制	オープン
役割	限定的	必要に応じ柔軟
マネジメント	命令・規則	自律
報酬	金銭・名誉	やりがい・充実
思考	分析的	創造的・統合的
事業計画	予測可能的	予測不可能的

また、僕らの組織のあり方は、冒頭でお伝えした通り「ホラクラシー」や「ティール組織」というキーワードで語られることも多い。

「ホラクラシー」はアメリカの起業家であるブライアン・J・ロバートソン氏の造語で、従来の中央集権的なヒエラルキー型に代わる新しい組織形態として提唱されたものだ。

意思決定をトップダウンでなく組織全体で分散して行うこと、個々の役割をメンバーの主体性に基づいて柔軟に決めていくことなどが特徴で、そのためのルールが「ホラクラシー憲法」としてまとめられている。

ロバートソン氏の書籍『ホラクラシー 役職をなくし生産性を上げるまったく新しい組織マネジメント』(PHP研究所・2016年)は、その実践方法を詳細に解説したものだ。

一方、アメリカでエグゼクティブ・コーチや組織開発の仕事をしてきたフレデリック・ラルー氏が人類の歴史における組織の進化を5つの段階に分類し、たくさんの事例とともに解説した本が『ティール組織――マネジメントの常識を覆す次世代型組織の出現』(英治出版・2018年)だ。

「ティール組織」は進化の5段階目に当たる次世代型の組織を指す。

「自主経営(セルフ・マネジメント)」、「全体性(ホールネス)」、「組織の存在目的」の3

つを重視しているという共通点があり、ホラクラシーもその実践例のひとつとされている。

日本でも、2016年に『ホラクラシー』、2018年に『ティール組織』が出版され、このような新しい組織の形が注目され始めている。

『ティール組織』では「解説」でダイヤモンドメディアが紹介されていることもあり、僕らもそういった組織のひとつと認識されるようになった。

そのため、「いつからホラクラシーを導入したのですか?」とか「どうやってティール組織を実現したんですか?」とか聞かれることも多い。

でも、僕らはそういうものを導入したり目指したりしたわけではない。

会社を創業してから約10年、自分たちが「こうありたい」という状態をどう実現するか、「こういうのって嫌だな」ということをいかに解決するか、その都度必死に考えながら試行錯誤してたどり着いたのが今の状態で、その試行錯誤はまだ終わっていない。

起業した頃の僕と仲間たちは、会社経営のための基本的なルールも知らず、いろいろな壁にぶち当たりながらなんとか進んできた。

何も知らなかったからこそ、ある意味純粋に、進みたい方向を目指すことができたのかもしれない。

そうやって作り上げてきた僕らのやり方とホラクラシーやティール組織との間に共通点があるのは単なる偶然ではない。

従来のヒエラルキー型の構造やそのためのマネジメント手法はかつては意味があり、よく機能していたが、時代の変化とともに様々なゆがみが生じてきている。

そのゆがみの中で苦しんでいる人が増えてきて、「管理しない経営」が従来型の組織の限界の突破口になりうるものとして求められているということなのだと思う。

さて、話を戻そう。

今、組織の中でどうしようもない歯がゆさを感じている人へ。

もしかしたら皆さんの脳裏には、自分たちの組織がうまくいかないのは「あの人」のせいだ、という、誰かを責めたい気持ちがあるのではないかと思う。

ポンコツな上司や、既得権益への反発。

それらを否定はしないけれど、視線を「人」から「組織の形」へと移してみると、新しい発見があるはずだ。

これを読んでいるあなたが、今の働き方や組織に疑問や違和感を覚えているのだとすれば、これからお伝えする僕らの考え方や実践を、新しいやり方を切り拓くヒントにしてもらえれば嬉しい。

管理なしで組織を育てる

目次

1章 「管理しない経営」が最初に直面した4つの問題

2章

お金・情報

すべての情報を公開することで、マネジメント不要の仕組みを作る

3
章

責任・権限

「上下関係のないフラットな組織」における
人間関係のリアル

4章 計画・実行

「管理しない経営」では、誰がどのように意思決定をするのか？

5章

多様性

人も組織も自然に任せる

6章

コミュニティ

社外にも広がっていく「管理しない経営」

1章

「管理しない経営」が最初に直面した4つの問題

初めての起業に失敗し、「会社」の意味について考えた

僕は会社員として働いた経験がないので、従来型の組織で既存のやり方を変えることの難しさのようなものには直面したことがない。

ただ、最近は「会社を変えたい」という経営者やマネージャー層の方たちから様々なご相談をいただくようになり、トップ自ら「変えていこう」という気持ちがある場合でさえ、「管理しない経営」への転換はなかなか難しいんだな、と実感している。

どうしてダイヤモンドメディアが今のようなやり方になったのか。振り返ってみると、最初から明確に「管理しない経営」をイメージしていたわけではない。

僕はダイヤモンドメディアの前に別の会社を起業して、失敗している。その時は事業をなんとか回していこうということに精一杯で、管理するとかしないとか、そんなことは考えもしなかった。

最初の会社を作ったのは21歳の時。高校時代からの友人3人を誘ってファッション系の

CGMメディア事業を始めた。

今後はファッションもネットで買う時代になる。それを見据えて、商品単体ではなく商品をセレクトするお店の魅力を伝えるようなメディアがあったら面白いんじゃないか、そんなことを考えていたのだが、その事業は全くうまくいかなかった。

僕らの経験不足でビジネスが下手だったというのもあるし、2006年当時はファッションECなどネットショッピングへのニーズがまだそこまでなかったというのもあるだろう。

1年かけていろいろやってみたがうまくいかず、最終的には会社をたたむことになった。


なんとか事業の売却はできたので借金を返すことだけはできたが、僕はものすごく責任を感じた。というのも、友人のひとりは大学を、もうひとりは大企業を辞め、1年間極貧生活を耐えて手伝ってくれたのに、何も残らなかったのだ。

単なるビジネスパートナーであれば自己責任と割り切れるが、僕が誘ったことで友人の人生を変えてしまったのだと考えるとやりきれなかった。


僕が起業を考えたきっかけは、プロのミュージシャンになるつもりでアメリカに留学していた時、現地の友人たちが好きなことや得意なことを生かして気軽に小さいビジネスをしていたことだ。

例えば、車好きな人が壊れた車を仕入れて修理して売ったり、友達がやっているリサイクルショップに物を卸したり、身近な人間関係や生活の延長線上でビジネスをやっているのを見て、「ビジネスって、こんなに簡単に始められるんだ」と衝撃を受けたのだ。

「仕事を始めるならまずは会社に就職しなければいけない」という思い込みを覆された僕は、帰国後、バイトをするくらいなら起業してしまおうと考えた。

たくさん稼ぎたいという気持ちはなかったが、「何か大きいことをしてやりたい」という野心は人一倍あった。ビジネスがうまくいってお金を稼ぎ、大好きな音楽をやれれば最高だ、と思ったのだ。

だが、そんな風には上手くいかなかったどころか、友人を巻き込んで失敗してしまった。

そこで、僕は初めて「会社」というものの意味について考えた。

「お金を稼ぎたい」にしろ、「大きなことをしたい」にしろ、自分の個人的な目標を果たすためだけであれば、大事な友人を巻き込んでまで会社をやる意味はない。

じゃあ会社の本分とは何なのか？

それを模索しながらいろいろな本を読んでいたとき、リカルド・セムラーという人が自身の経営するブラジルのセムコ社について書いた『奇跡の経営』（総合法令出版・2006年）に出会い、「これだ！」と感じた。この本に、企業としての理想像が書かれているような気がしたのだ。

僕は読書が好きで、偉大な経営者の本もたくさん読んでいるが、『奇跡の経営』はそれまで読んだものとは全く違うものだった。ビジネスのやり方とか、個人としてどう行動すべきかとか、そんなことは全く書かれていない。

仕事を「退屈で辛いもの」ではなく「心から楽しく、幸せで自由なもの」にしたいと考え、そのために「管理しない経営」を実践してきた様子が書かれている。

僕もこんな会社を作りたい。

ビジネスモデルがどうこうという前に、まずはみんなが幸せになれる会社を作って、それから何で貢献していくか考えよう、そういう風に考えるようになった。

同世代の起業家の会社に参加

最初に起業した会社をたたんだ後、僕はオーバーワードという会社を手伝うことになった。僕と同世代の3人の男が、僕と同じ時期に創業した会社だ。

彼らと知り合ったのは、最初の会社の事業がうまくいかず、かといって周りに相談できるような人もいなくて、藁にもすがるような思いで地元の中小企業支援センターの無料相談に申し込んだことがきっかけだった。

対応してくれた中小企業診断士がオーバーワードに出資をしている人で、「君と同世代でＩＴのビジネスをやっている学生起業家がいるから、今度紹介するよ」と言われたのだ。

「彼らも儲かってるわけじゃないけど、頑張ってるし、気が合うんじゃないかな」とか、そんな感じで取締役をしていた小林憲人《けんと》を紹介され、それからは時々連絡を取り合っていた。そして僕が自分の会社を閉じることを知ったときに、「一緒にやる？」と声をかけてくれたのだ。

そのタイミングで共同創業者で社長だった小林奨《たすく》と取締役の染谷《そめや》衛《まもる》にも会うことにな

り、僕は初めてオーバーワードの事務所を訪れた。

忘れもしない、西麻布の墓地の目の前にある小さなビルの一室。ほとんど住み込みで仕事をしていたから、生活感が漂うオフィスだった。

彼らは企業のウェブサイトの構築や運用をやっていて、日々お客さんに揉まれて泥臭く頑張っているように見えた。ビジネスモデルとかビジョンとか、そんなものはあまり考えていなさそうだけど、「今月はもうキャッシュがない。どうする？」「これから作るっしょ！」みたいなノリがたくましくていいな、と思った。

最初に起業したとき、一応事業計画なるものを描いてみたりはしたのだが、そういう机上論にはいまいちリアリティを感じられなかった。

本来はもっと肌感覚というか、手触りのあるものに魅力を感じる質なので、どんな環境でもサバイブしていきそうな、野生児みたいな彼らと一緒に仕事をしてみたいと思い、オーバーワードへの参加を決めた。

出資者との関係を見直し、会社を再スタート

その後、2007年にダイヤモンドメディアを設立し、翌年にはオーバーワードの事業を引き継ぐことになるのだが、その経緯は特にカッコいい話ではない。

オーバーワードに入ってみると、実は会社の株の98%を前述の中小企業診断士が持っているということが分かった。

メンバーはみんなお金のない学生だったから仕方ない面もあるし、その人の善意のもとでこういう状態になっていたのはわかっていたけれど、これでは会社の実権を一人の出資者が握っている状態が続いてしまう。また、毎月行っていた報告会で現場を知らない彼からもらうアドバイスも、精神的な負担になっていた。

早いうちになんとかした方が良いとみんなを説得し、その出資者の方と話し合いの場を設けて株を買い取らせてもらうことにした。

ダイヤモンドメディアは、その混乱の中で立ち上げた会社だ。創業者4人で25%ずつ株式を持った。もしオーバーワードの出資者との交渉がうまくいかなかったときに、僕らが

自分たちの事業を続けていくための抜け道、くらいのつもりだった。

株を買い取ることに成功すると会社が2つある意味がなくなったので、ダイヤモンドメディアの方に一本化したというわけだ。

だから、オーバーワードからダイヤモンドメディアになっても、やることも人員も変わらなかった。最初の頃はみんなで営業し、案件が取れればみんなで作るというスタイル。特別なスキルがあったわけでもないので、常に勉強しながらやっていたのだが、そのうちにどうしても作る方は苦手で営業に特化するメンバーや、逆にスキルを伸ばして作る方に集中するメンバーが出てきて、役割分担が自然に生まれた。

当時は、ウェブサイトの制作や運用だけでなく、頼まれればリーフレットや名刺を作ったり、ロゴをデザインしたり、ポストイットや絆創膏を売ったり、なんでもやっていた。そうしているうちに、今はダイヤモンドメディアの取締役をしている岡村雅信《まさのぶ》がアルバイトで入ったり、正社員も入ったりと、少しずつ規模も大きくなっていった。

無茶してがんばる働き方では、会社は続かない

ビジネスモデルも営業戦略もない不安定な会社に人が集まったのは、みんながむしゃらに頑張っていて、良い感じの熱量があったからなんだと思う。

ただ、人が増えてくると「それだけではダメだ」と感じるようになった。

創業者の3人と僕だけであれば、いつもお金がなくて大変でも、無茶してでも、なんとかやっていけるならそれでいいと思っていた。

だけど社員を雇ったら、彼らの人生を全部背負うというわけではないにしろ、きちんとお金が回るようにビジネスのやり方を考えないと、このままでは情熱の無駄遣いじゃないか――そんな問題意識を、僕は代表の小林奨にぶつけるようになった。

僕はこの会社のみんなが好きで、一緒に仕事を続け、成長していきたい。そのためにはビジネスのやり方を考えた方がいいんじゃないか。

例えば、これまでのように受託開発を続けるにしても、何か業界に特化するとか、戦略を考えるべきじゃないか――そんな話をしてみたが、結論はなかなか出ない。

「このままでは、納品前には徹夜が続くような状態を、新しく入った社員にもさせ続けなければいけない」という危機感を強めた僕は、「体制を見直した方がいいんじゃないか」と提案した。

小林奨に対して敬意もあり、引き続き一緒にやっていきたいという気持ちもあったから、僕の中での葛藤も大きかった。でも、みんながより良くなっていく道を考えなければ、という思いからの行動だった。

小林奨は代表という役割に固執することはなかった。「他のふたりにも相談して決めよう」ということになり、小林憲人と染谷も呼んで4人で話し合う場を何度か持った。

創業メンバー3人はもともと友人同士でもあり、そう簡単に結論は出なかったが、最終的には、小林憲人と染谷の2人でどうすべきか考えてもらい、僕らはその決定に従おうということになった。

その結果、代表は僕が交替することになったのだが、小林憲人と染谷から「結論が出た」と連絡をもらったときは、すごく緊張したし怖かった。

でも、少なくとも自分を恥じるようなことはしていないという自信があったから、たとえ僕が会社を去るという結論だったとしても、受け入れる準備はできていた。

組織づくりについて本格的に考えはじめたのはこの頃だ。

創業当時は、みんなで一緒に会社を立ち上げて一緒にがんばっているという意識だったから、実際の貢献度に差はあっても給料は同額、それで問題ないと思っていた。

でも、メンバーが増えてくると納得できる給料の配分を考えないといけないし、何かしら経営の仕組みのようなものが必要だ。

とは言え、世間一般の会社のようにヒエラルキーを作って管理を強める、という方向に進んだわけではない。

会社に入った時期や役割に違いはあっても、当時の僕らはみんな若くて、みんなで平等にやるのが当然だと思っていた。

そこで、まず会計の記録を改めて精査し、お金の流れを見えやすくするなど、今のダイヤモンドメディアのやり方につながるような経営を、少しずつ進めていったのだ。

機械的ではなく生命的な組織を理想とする

ダイヤモンドメディアがスタートしてからこれまで、僕が目指してきたのは「自然の摂理に則った経営」だ。

そういう経営をイメージするようになったきっかけは先ほど触れたリカルド・セムラーの『奇跡の経営』だが、それ以降も自分が実現したい会社のあり方についてたくさんの本を読んで研究してきた。

それは経営者や経営学者の本に限らず、例えば自然農法の第一人者で『わら一本の革命』(春秋社・2004年)などの著書がある福岡正信さんの考え方には、かなり影響を受けている。

福岡さんが50年の試行錯誤を経て確立した自然農法とは、「不耕起栽培」といって畑を耕さない、雑草も虫も取らない……という風に、なるべく人間が手を加えない。

どうしても必要なときでも、人工のものではなく自然のものを使って植物に最適化するように整えてやるだけだ。

そうすれば、植物は自分自身で育つ力を発揮して収穫率が上がる、という考え方だ。

畑を耕し、肥料や農薬を使って植物が育ちやすくしてあげるのは、短期的な収穫量を上げるための方法だ。

でも、長期的に見ると経済合理性に合わない。

その収穫量を保つためには、人手と、肥料や農薬、機械を動かすための石油といったコストを掛け続けないといけないからだ。

余計な手を入れずに放ったらかしにすることで、生命が本来持っている力を発揮できるようにするという考え方を、僕は組織運営に取り入れて追求してきた。

植物だけでなく人間だって、周りから与えられるのではなく自分の力で成長していけるような状態にあるときに、一番効率良く結果が出ると思うからだ。

今、会社のパフォーマンスを上げるには社員の「モチベーション」とか「エンゲージメント」、「信頼関係」なんかが大事だと言われていて、多くの会社でそのための取り組みが行われている。

例えば表彰制度を作ってモチベーションを高めようとか、チームビルディングのためのワークショップをやって帰属意識を持たせようとか、そういったことだ。

だけど僕は、人のモチベーションを無理に上げたりすることは本質的にはできないと思っていて、そういう取り組みでコントロールしようとはしない。

また「上司・部下の関係」や「不透明な給与制度」など、それがあることでやる気が下がったり、猜疑心が生まれるなど、本来の力を発揮することを妨げるような制度やルールを取り除いてきた。

つまり、「コントロールは放棄し、成長の阻害要因は徹底的に排除する」ということだ。

そうすることで、メンバー一人ひとりが、そしてダイヤモンドメディアという会社が、自然に強くなってきた。「自然の摂理に則った経営」というのは、そういうことだ。

とは言え、最初からうまくいったわけはない。「自然」や「人間性」にこだわるあまりに迷走が続いた時期があった。

問題1　いくら話し合いを重ねても結論にたどりつけない

ヒエラルキー型の組織では、社長の下に役員や事業部長がいて、それぞれが決められた範囲の権限を持ち、部下を自分の決定に従わせることができる。

だけど僕らは、そうやって誰かが何かを一方的に決めるのは「人間性」や「自然な状態」を無視したやり方だと考え、なるべく上下関係やそれに基づく権力を作らないようにしてきた。

だから、何かを決めるときはみんなで話し合って決めてきた。

「みんなで決める」と言うと「多数決」を思い浮かべる人もいるだろうが、そうではない。個人的には、意思決定の方法として「多数決」は最も良くないやり方だと思う。

多数決はマジョリティの意見を採用し、マイノリティの意見を切り捨てる。

でも、リーダーシップというのは本質的にマイノリティだ。みんなが賛成するようなことなら、リーダーはいなくたって物事は進むのだから。

つまり、多数決を繰り返す組織ではリーダーシップが失われていく。そして多数派になるための権力の奪い合いや派閥が生まれるのだ。

多数決の良いところがあるとすれば、「短い時間で決まる」ということだ。

裏返すと、みんなが納得するまで話し合いをするという僕らのやり方は、とてつもなく時間がかかった。

命令でも多数決でもなく、誰かの「自分はこれがやりたい」という思いをよく聞き、その意思を大切にする——人数が少ないときはそれで良かった。

だが10人を超えると、誰かの思いを大切にしたいのだけれど、それが他の人にとっては不利益になったり、一部の人達だけ良い思いをすることになったりする——個々の希望を満たすこととみんなの幸せが両立しないケースが多発するようになったのだ。

そういう問題に直面するたびに、僕らはひたすら話し合った。思っていることをお互いに出し合えば、最終的にはみんなが一致する結論が見つかると考えていたのだ。

でも、ことはそんなに単純ではない。

例えば、仕事が好きでとにかくたくさん働きたいという人もいれば、他の部分とバランスを取りながら仕事をしたいという人もいて、それはどちらが良いとか悪いとかという問題ではない。

個人の好みや置かれた状況によって正解は異なるから、いつまで話し合っても平行線だ。

朝まで話し合っても終わらないことがよくあった。当時の僕らは若くて体力があったからなんとかなったけれど、だんだん「このやり方は違うんじゃないか」という雰囲気になってきた。

問題2　個人の尊重がみんなの利益につながらない

ルールで縛らないということは、「管理しない」という僕らのスタイルに反するような提案でも、いきなり拒否したりはできないということだ。

以前、「他の会社みたいにきちんとしたルールを作るべきだ」と主張するメンバーの意思を受け入れ、ある領域においてはガチガチの目標管理が実施されたことがある。だけど、それによってプラスの効果が得られたかというと、むしろやりにくくなった面が大きかった。

今思えば違和感があったものの、2～3年の間は目標管理を頑張ってやってみた。

しかしあるとき「何のために管理するのか」を突き詰めていくと、根底にあるのは「会社を手っ取り早く成長させたい。儲かる会社にしたい」という一部のメンバーの希望だということが分かった。

振り返る中で、それはもちろん大切なことだけど、ダイヤモンドメディアが一番大切にしたい本質的なことではない、とみんなが気づいた。

こんな風に、最初は個人の思いに納得したつもりでも、後になって「やっぱり違ったね」と分かることもあるのだ。

「人間性」を重視するあまり、人材採用に失敗することも多かった。

「いい会社で働きたい！」「いい会社をつくりたい！」と熱い想いを語ってくれる人に出会い、「それなら、一緒にやりましょう」と入社してもらうと、うまくいかないことが何度もあったのだ。

特に僕が連れてきた人がそういう状態になることが多かった。

今では笑い話だが、みんなが「武井さんが連れてくる人はヤバイ」という疑いの目を僕に向けるようになり、採用は全て、「その人と一緒に働きたいと思う人たち」――その人を受け入れるチームのメンバーに一任するようになった。

もしかすると、「上下関係なし」「働き方自由」などの特徴から、外から見ると、ダイヤモンドメディアは働きやすいユートピアのように見えるのかもしれない。

でも、給料も含めて全部オープンというのは、自分の実力について嘘がつけないということでもあり、相当シビアだ。

しかも、僕たちはまだまだ発展途上。整備されていない部分や改良が必要な部分も相当ある。みんなで走りながら考えている状況だ。

だから、ダイヤモンドメディアを「いい会社」「楽に働ける会社」だと思って入ってくる人が、そういうシビアな状況に直面すると「話が違う」と文句を言い始めたりすることが起きてしまう。

問題3　あの人の給料がこの額なら、この人はもっともらうべきだ

僕たちは、お互いの給与をみんなで決める。「評価」ではなく、「話し合い」で決めるのだ。

あらかじめ決められた給与テーブルのようなものがなく、全員の給料の額をオープンにした上で、半期ごとにみんなで話し合って翌期の給料の額を決めていく。

創業当時から続けているのだが、これも最初はうまくいっていたとは言い難い。「話し合って決める」という根本的な部分は変わらないが、大きな失敗を経て、給料を決めるプロセスは昔と今とではかなり変わった。

最初の頃は、各自が自分の給料について適当だと思う額を自己申告し、それを基準に話し合うという形をとっていた。

そうすると、「そんなことは考えたことがない」「いくらにすべきなのか自分でわからない」という人が一定数いるし、「自分はもっと給料をもらうべき」と言って上手にプレゼ

ンする人は、実際の実力以上に給料が上がったりする。

逆に、上手く周囲を説得できなければその人のモチベーションが下がり、険悪な雰囲気になったりもした。


もっとも致命的なのは、「給料バブル」だ。

当時は予算ありきではなく、それぞれのメンバーに適正な給料を支払うということを重視していたので、「あの人にこれだけ払うなら、この人の給料も上げるべきじゃない？」みたいな意見を尊重していると歯止めがなくなり、みんなの給料がどんどん上がっていくという現象が起きてしまった。

でも、財源には限りがある。

「このままでは会社が立ち行かなくなってしまう」というところまでいくと、やむを得ずみんなの給料を下げるしかなかった。


一度上がった収入が下がるということに対するショックは大きい。そういうことを2度ほど経験し、僕は「このやり方を続けるのはまずい」と思った。

問題4　一部の社員のがんばりに全体が頼りすぎている

「自然の摂理に則った経営」を理想とし、なるべく管理をせず、メンバーそれぞれの自主性に任せるようにしてきたけれど、それが個人や会社の成長につながっていかない――創業3～4年目の頃、僕らはそんな壁にぶつかっていた。

会議が朝まで続くとかみんなの給料が安定しないというだけでなく、個々の業務も無駄な作業やミスが多いという状態が慢性的に続いていた。

事業面では、ウェブデザインと制作を中心にリスティング広告の運用やSEO対策やコンサルティングなどへとサービスの領域を広げたものの、まだ明確なビジネスモデルがなく、ずっと自転車操業だった。

IT企業なのに、とにかく体力勝負。自然な経営を目指しているのに、不自然なまでに頑張らなければ会社が成り立たない状態になっていたのだ。

「何か違う」と感じて、それまでのやり方を振り返った僕は、人間性を重視するあまり、ビジネスをやっていく上で必要な仕組みというものを軽視しすぎたのではないかと思った。

このままでは、すごく優秀な人や、周囲よりたくさん頑張ってくれる人ばかりが支える組織になってしまう……。

後になって、僕らの間では「男気経営」という言葉がネガティブな意味で使われるようになるのだけれど、「ここは俺が犠牲になってがんばろう」みたいな一部のメンバーの男気や高潔さがなければ成り立たない会社にはしたくなかった。

僕はここに集まったみんなで価値を提供していきたい。

そのためには、普通の人達が普通にやれば自然と前に進むような、そんな仕組みやビジネスモデルが必要なんじゃないか、と考えたのだ。

2
章

お金・情報

すべての情報を公開することで、
マネジメント不要の仕組みを作る

お金と労働時間の情報を全員に公開する

前章では、「人間性」や「自然である」ということにこだわるあまり、不毛な状態に陥っていた初期のダイヤモンドメディアの状況を振り返った。

人間性や社員のみんなの納得感を大事にしたいという思いは変わらないけれど「何か違う」と感じていた僕は、組織を効率的に運営するためのシステムを導入してみることにした。

目指したのは、一部のメンバーの「男気」に頼ったり、みんなに「高潔さ」を求めるような組織ではなく、色んな人がいても組織として持続していける状態だ。

まず最初にやったのは、京セラの創業者である稲盛和夫さんの著書(※)に学んだ管理会計とアメーバ経営の導入だ。

アメーバ経営のポイントは、部署ごとに売上から経費を引いた利益を労働時間で割って生産性を把握できるようにし、個々の社員が採算意識を持てるようにすることにある。

それまでは、数字で管理するようなことをしたら人間性を否定することになり、会社が悪い方向に行ってしまうのではないかと思っていた。

でも、食わず嫌いをやめてやってみることにした。

お金の出入りを徹底的に記録し、毎月第3営業日頃には月次決算を出すようにし、部署ごと、事業ごとのPL（損益計算書）、BS（貸借対照表）、キャッシュフローを社内の人間なら誰でも見られるようにしたのだ。

もうひとつ取り入れたのが、「ABM（activity-based management：活動基準管理）」という、製造業に使われる管理手法だ。

稲盛流の考え方では、生産性の計算に人件費は含まれていない。

だが、IT系の会社では支出の半分以上を人件費が占める。ほとんど「人件費＝原価」みたいなものだ。

だから、ダイヤモンドメディアでは「レイバー分析シート」というものを作り、部署や業務ごとにどれだけの人件費がかかっているのかを把握することにしたのだ。

このシートには、アルバイトから役員まで全員のメンバーが、どの顧客の何の業務にどれだけの時間を割いたかを日々記録する。

記録された時間にその人の時給を掛ければ、「このコンサルティング案件は、粗利は高いけれど異常に人件費がかかっていた」とか、「このお客さんは取引額は小さいけど、人件費がかからない仕事が多い」といったように、利益につながる仕事とそうでない仕事が明確に分かるようになる。

客観的なデータが充実すると、会議の時間は大幅に短縮される

それ以前、いくら話し合いを重ねても結論にたどりつけないのは、各自の価値観のズレが原因だと思っていた。

そこで価値観をすり合わせるための会議やワークショップを何度もやってみたのだが、議論が長引くばかりで、一向に溝は埋まらなかった。

ところが、お金の出入りや労働時間をきちんと記録し、可視化して話をするようになると、会議の時間は一気に4分の1程度になった。

埋まらない溝の原因は、客観的な事実の不足した状態で各自が主観をぶつけ合うことによるコミュニケーション不全にあったのだ。

事実を徹底的にデータ化して可視化すると、その事実を報告するために開かれていた会議は不要になる。必然的に、会議は意見を出す場になるのだ。

しかも、データがあるから改善すべきことが見えるし、やってみるとその結果がデータに現れ、効果がわかる。

そうやって自然と改善が起きるようになり、会議の時間は笑ってしまうくらいに短くなるし、ディスカッションは楽しいものになった。

こういったシステムを有効活用するためのポイントは、誰もが無理なく、必要な情報にアクセスできる状態であることにある。難しい作業やめんどくさい手続きが必要なことは続かない。だから、この状態を保つためにＩＴを徹底的に活用している。

例えば、「マネーフォワードクラウド会計」に入力した会計データを自動的にデータベースシステムの「kintone」に連携させ、最新の会計情報をいつでも見られるようにしている。「レイバー分析シート」については、実は今は運用休止中だ。日常的に使っているチャットツール「Chatwork」から自動で入力を促すメッセージを送っていたのだが、それでも忘れてしまう人が多かった。

入力自体はそれほど難しいものではないのだが、このまま続けるのは運用負荷が高いため休止を決めた。一定期間続けたことで、自分たちの時間の使い方を考える習慣ができたのは良かったと思っている。

あらゆる情報をオープンにすることで、強固なビジネスモデルが作られる

多くの組織では、財務情報や各事業の実績数値などは機密情報とされ、社員の所属部署や役職などによってアクセスできる範囲が制限されている。

僕らの会社のやり方を取り入れたいという経営者の方々でも、会社の財務情報をすべてオープンにすること、特に人件費まで開示することにはかなり抵抗感を持つ方が多い。

一部の人が明らかに高すぎる給料をもらっているようなことがあると、オープンにしたら組織内の不公平が露呈してしまう。

財務情報にアクセスできて会社のリアルな業績が分かるようになることで、「この会社やばいな」と感じた社員が辞めてしまうことを恐れ、公開したくないというケースもある。

僕らの場合は学生同士で一緒に起業したということもあって平等意識が強かったし、人数が増えてからも、「なんでも隠さず腹を割って話し合いたいよね」という、ある意味で青臭いところをそのままにやってきた。

だから、情報を隠そうという意識は最初からなかった。

逆に、ありのままを見せても大丈夫なくらいビジネスモデルを強くすればいいわけで、そのためにも、会社の状況を客観的に把握できる仕組みを作るというのは必要不可欠だと感じている。

日常的なコミュニケーションが活性化する3つの方法

みんなで一緒に考える、そのためにコミュニケーションを取る、ということはそれ以前からやっていた。だが、単に集まって話し合うだけでは、朝まで議論が続くだけで良い結論にたどり着けなかった。

議論を成り立たせるためのベースになるのが、財務情報を始めとする客観的なデータであり、もうひとつは日常的なコミュニケーションだ。

普段から、「あのプロジェクトでこんなことをやっている」とか、「あいつがあんなことを言ってたな」とか、会社で起きていることやメンバーが考えていることが伝わってきて、言いたいことがあればどんどん口を出せるような状態を作っておくこと。

つまり、どれだけプロセスを共有できるかが重要で、それがうまくいくとわざわざ会議の場を用意しなくても日常的なやり取りの中で解消されていく問題も多いのだ。

日常的なコミュニケーションを活性化するのには、次の3つが有効だと感じている。

1　ITを活用したコミュニケーション内容の可視化
2　雑談しやすい環境づくり
3　ブレイン・ストーミングで力関係の偏りをなくす

1　ITを活用したコミュニケーション内容の可視化

ダイヤモンドメディアには社員同様に関わるフリーランスのスタッフも多く、社員も働く時間や場所がバラバラだったりするので、オンラインのコミュニケーションの場が非常に重要になる。

そこで、日々の連絡や相談、アイデア出しなど「フロー型」のコミュニケーションには、ビジネス向けのチャットツールを使う。

プロジェクトや会話のテーマごとにグループを作成し、メンバーなら誰でも好きなときに、カジュアルに発言でき、みんなが交わしている会話の内容を見られるようにしている。

僕の場合、みんなのチャットを眺めていれば、各プロジェクトが上手くいっているかどうかを把握できるのでありがたい。

ツールとしては、過去にはChatworkをメインで利用していたが、数年前に全てのチャットコミュニケーションをSlackに移行した。

Chatworkの場合、グループを作った管理者がそこに参加できるメンバーをアサインする必要があるが、Slackの場合はグループに当たる「チャンネル」を全員に公開の状態で作成し、各メンバーが自分で参加するかどうかを決められる。

コミュニケーションが活発であるほど、チャットでやり取りされる情報も多くなるので、当然そのすべてを追うことはできない。

重要なのは、見たいと思ったときにアクセスできるようになっていることなのだ。

会社の中のガイドラインや記録などの「ストック型」の情報は、Googleドライブや社内Wikiのようなサービスを活用している。

必要なデータをストックし、かつオープンにしておけば、チャットにリンクを貼って「見といて」と連絡するだけで済むので報告のための会議は必要なくなる。

集まって会議をするのは、本当に重要なタイミングやアナログなコミュニケーションの方が早く解決しそうなときだけになっている。

ただし、必ずしも会議を減らせばいいとは考えていない。テキストベースのコミュニケーションではどうしても個人のコミュニケーションレベルによって会話に誤解や齟齬が生じることもあるし、顔を合わせて話した方が生産性が高い場面はいくらでもあると思うからだ。

だから、会議が少ないかと言われればそうでもないと思う。むしろ、オンラインでのやりとりがメインだからこそ、チームごとに定例で会議を設けたりして、そのときにはみんながてきるだけ集まるようにしている。

月に1回の納会も、みんなが集まることを重視しているメンバーが多いから続いているのだと感じる。

2　雑談しやすい環境づくり

せっかくツールを用意し、コミュニケーション内容が可視化されるようになっても、そこでコミュニケーションが発生しなければ意味がない。また、やり取りされる内容は、本音であることが重要だ。

あらかじめアジェンダが決まっている会議の場か、何気ない雑談の場か、どちらが本音が出やすいかというと、後者だろう。

ちょっとアホなくらいの雑談の方が、盛り上がって活発な意見が飛び交うことを、僕らは経験から知っている。

だからダイヤモンドメディアでは、デジタルの場はもちろん、現実のオフィスも、自由な雑談が始まりやすい状態を作るように意識している。

オフィスにはゲーム機があったり、ベンチプレスがあったり、ギターがあったり、社員が勝手に持ち込んだものがたくさんある。これは後から振り返って思うことなのだが、そういうものがコミュニケーションの媒介になっているように思う。

また、パーテーションや個室や作業ブースのような、物理的にコミュニケーションを阻害するようなものは、オフィスからは自然になくなった。

目に見えないところでは、肩書や役職のような固定化された役割を決めないという「管理しない経営」の特徴も、本音でのコミュニケーションを促進するのにとても重要だ。

3　ブレイン・ストーミングで「力関係」の偏りをなくす

ヒエラルキー型の組織では、役職や年齢が上だったり、勤続年数が長い人に発言力があるということが、当たり前になっている。

たとえ上司より部下の方が現場のことをよく知っていても、年長者より若者の方が世の中の先端の動きを把握していても、あるいは勤続年数の長い社員よりも中途入社したばかりの社員や業務委託のパートナーの方が仕事ができる場合でも、役職や年次の力に逆行することは難しい。

組織の中の肩書や上下関係は無意識のうちに人の思考を硬直させる。「この人が言うなら従っておけばいいか」と思考停止状態にさせ、コミュニケーションを一方通行にさせるような作用がある。

反対に、肩書や役職をなくせば雑談は起こりやすくなる。でも、最近はそれだけでもダメだということに気づいた。

集団の中に力関係ができてしまうのは自然なことだ。能力の高い人や社歴が長い人、年齢が上の人の方がしゃべりやすいもので、新しく入った人はいくら能力が高くても、まずは様子を見るものなのだ。

放っておくとどうしてもできてしまう、この力関係の偏りを克服するためにはいくつかの工夫が必要だが、個人的にはブレイン・ストーミング（ブレスト）を活用するのが有効と思っている。

ブレストのいいところは、無意識にみんなが持っているお互いの力関係への意識をゼロにできるということだ。

社歴が浅い人や社外の人でもいきなり参加できて、発言量を増やすことができる。ブレストで会話の経験が生まれると、他の場でも会話の量が増えていく。

だから僕は、アイデア出しのためだけではなく雑談をしやすい関係性を作るためにブレストをすることを、社内でよく提案している。

「1対多」よりも「多対多」のコミュニケーション

一説によると、組織というのは情報の流れ方によってその構造が決まるものらしい。

その考え方でいくと、情報が上から下へと順に伝達されていくのがヒエラルキー型の組織で、任意のメンバーから全体へと一斉に情報が発信され、それに対して自由に反応が飛び交うのが「管理しない経営」による組織だと言える。

僕らの生活の場での情報の流れ方は、すでに大きく変わっている。

例えば、僕が小学校に通っていた頃は連絡網というものがあって、電話で伝言をつないでいた。どこかで伝言が途絶えたり、途中から間違った情報が伝えられたりすることもあっただろう。

それが最近では、ママさんたちのＬＩＮＥグループで誰かが「明日は学級閉鎖らしいよ」

情報の流れ方

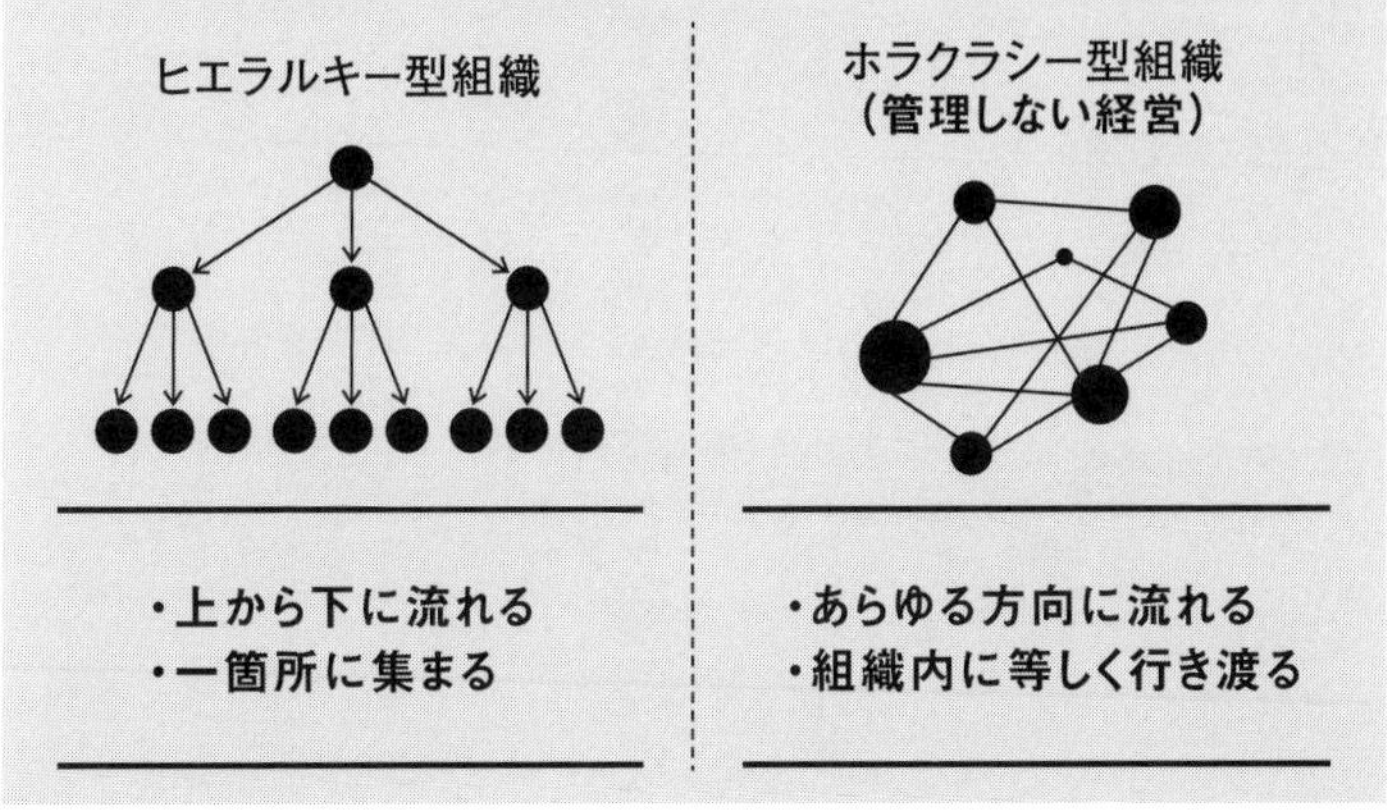

ヒエラルキー型組織
ホラクラシー型組織
（管理しない経営）
・上から下に流れる
・一箇所に集まる
・あらゆる方向に流れる
・組織内に等しく行き渡る

と投稿すれば、みんなが「あ、そうなんだ」と理解する。

情報が多対多で発信され、一瞬で伝わるのだ。

ヒエラルキー型の、上から下へと情報を伝えるやり方はとても時間がかかるし、途中で間違った情報が伝わっていく可能性や、そもそもトップが出す情報そのものが正しくないと、全体が間違えてしまうという点でリスクが高い。

しかし、今のようにＩＴ化が進んでいないアナログな世界では、これが最も効率的な情報の伝え方だった。

だから、なるべく「正しい」とされる指示を出せる人をトップに据え、みんなが混乱しないように情報を統制するヒエラルキー組織が普及したのだ。

ダイヤモンドメディアのようなやり方は、ＩＴ化が進んでリアルタイムに多対多のやり取りができるようになった今だから可能になるものなのだ。

そして、そんな時代に合わせた「管理しない経営」の組織は、今後必然的に増えていくはずだ。

役職や目標達成度で給料を決めない

「管理しない経営」を実現していく上で欠かせないのが、評価ではなく、話し合いで給料を決めるという仕組みだ。

一般的に給与制度というと、欧米では割り当てられたポストや業務に対して値段が付く「職務給」、日本では本人の職務遂行能力に応じて決まる「職能給」や「能力給」などが主流だ。

昇格・昇給や賞与の額は、日本の古いタイプの会社だと年功序列で、比較的新しい制度を導入しているところであれば直近の成果に応じて決まったりする。

僕らはそれらとは異なる考え方を採っている。

その人のやっていることや生み出す成果に対してだけではなく、その人の存在価値みたいなものに報いる給料を払いたいと考えている。

役割や成果に対して給料を払うというのは一見正しそうだが、そこには「個人の貢献度や成果を正しく測れる」という前提がある。僕は、この前提は間違っていると思う。

例えば、売上ひとつとってもそれが誰の成果なのかを単純には解明できない。

お客さんから発注書をもらってきた営業担当者は誰かとか、それをサポートしたのは誰、といったことは明確だが、契約をとれたのは彼らだけの働きによるものかというと、それは分からない。

そのお客さんは過去のセミナーでダイヤモンドメディアを知ったのかもしれないし、他の社員と個人的なつながりがあったのかもしれない。因果関係が明確にならないのだ。

世の中の多くの会社も同じような状況にあるはずだが、なんとか個人の成果を数値化し、評価しようとしている。なぜなら、給料を決めるためにそれが必要だからだ。

でも、そこにはやはり無理があるので、結局みんなが納得いくような評価にはなりづらい。

人事評価における目標管理制度も課題が多い。

あらかじめ決めた目標の達成度に応じて評価が決まり、それが給料に影響するとなれば、社員はなるべく達成しやすい目標を立てたり、目標に掲げたこと以外にやるべきことが出てきても手を出すのを躊躇してしまう。

変化の激しいビジネスの世界では、半年前に決めた目標を達成したところで「今は全く意味がなかった」ということだってありえるのに。

話し合いで給料を決めようとすると、「給料バブル」が発生する

成果で給料を決めない僕らは、会社の生み出した価値を無理矢理に個人に結びつけるようなことは必要ない。

誰がいくらもらうかは、その都度社内の需要と供給、相対的価値、社内外の給料の相場などを念頭にみんなで話し合って決める、つまり「市場の原理」に任せよう、というのが

最初からの考え方だ。

ただ、特にルールもなく集まって話し合うだけでは、うまくいかない。

第1章で説明した通り、当初は各自がもらうべきだと考える給与額を自己申告し、それを基準に話し合いを行っていた。その結果、批判合戦や、褒め合いによる給料バブルが発生してしまっていたのだ。

特に問題なのは給料バブルだ。一度上がった収入が下がることに対して感じる痛みというのは、とても大きいものだ。

こんなことを何度も繰り返すのはおかしいと感じた僕は、バブルのメカニズムを調べてみようと思い立った。そのときに参考にしたのが『「みんなの意見」は案外正しい』(ジェームス・スロウィッキー著・角川書店・2009年)という本だ。

この本から学んだのは、市場の原理で正しい意思決定をするためには「多様性・独立性・分散性・集約性」の4つの要素が不可欠であることと、このうち一つでも欠けると衆愚に陥るというメカニズムだ。「みんなが買うから」という理由だけで自分も買う、その連鎖が衆愚を生み、バブルにつながるのだ。

そしてバブルとは、弾けたときに初めて「バブルだった」と定義される。つまりは弾けるまではバブルであることを認識するのが、とても難しい。

1990年代に日本で起きた土地神話によるバブルについて、「土地の価格が上がり続けるわけがないじゃないか」と後から言うのは簡単だが、当時は「土地を買わない奴はバカだ」くらいなことを言われていたわけで。

ITバブルも同じで、民衆の期待値が相乗的に上がりすぎてしまった結果、実態からかけ離れた株価が付いてしまったりする。

つまり、そんなバブル現象が社内で起きてしまっていたわけだ。

そしてそれは、大きな痛みを伴った。自由経済、自由市場ならばそれも自己責任だろう。でも、会社の中ではできれば避けたい痛みだ。

そこで、バブルが発生するリスクをヘッジする仕組みを構築することにした。

給料相場を安定させる

給与を話し合いで決める、という制度を安定的に運用するために、給与には「期待値」

を含めないというガイドラインを定めた。

相場は期待が高まっていくことで、どんどん上がっていく。だから将来への期待ではなく現状に対して妥当な値付けをするということを明確にしたのだ。

プレゼンテーションというのは、「私はこれだけの実力をつけ、会社に対してこんな利益をもたらします」というような、期待を高めるものになりがちだ。

だから、自分の給料について本人が希望やその理由を提示するのはやめ、周囲が今現在のその人の実力に対して妥当な給料の額を話し合うことにした。

将来的に実力が上がった時は、それが周囲に認められた段階で給料アップにつながるということだ。


もうひとつ取り入れたのは、会社のビジネスモデルに最適な人件費割合を算出するというルールだ。

後で説明するように、まずはアンケートとチームでの話し合いで、各社員について妥当だと考える給料の額を出し、全員分を積み上げてみる。

その結果が基準値を超えている場合は再度話し合って金額を提示し直す。

それを2回転ほどすると、納得感があって予算にも合う金額に落ち着くようになった。

過去の給料の決め方には、他にもたくさんの課題があった。

以前は実力に対する給料という平等性を追求するあまり、個人の生活を保障するという観点が抜け落ちていた。

創業当時はみんな独身だった社員もやがて結婚して子どもができたりすると、「あれ？この給与じゃキツイ」という現実に直面するケースが出てきたのだ。

個人のライフステージの変化に会社として対応したいと考え、北欧の税制などを参考に「ベーシック・インカム」を厚くする制度を作った。まず、全員一律の基本給があり、別途、勤続給や年齢給といったライフステージに合わせた手当、居住地や子どもの有無などの条件による手当が付く。その上に、個人の実力を反映した実力給が付加されるという形だ。

ちなみに住居手当と通勤手当はひとつになっていて、都心の会社の近くに住んで徒歩通勤なら3万円、会社から遠ければ家賃は下がるはずだという考えで、3万円から交通費を引いた分が支給される。

これは個人の意思決定と平等性を両立できる仕組みだと考えている。

正しい給料の額は存在しない

失敗も経験し、改善や調整を重ねてきた結果、今のダイヤモンドメディアの給料（実力給の部分）の決め方は次のようになっている。

ただ、これが最適解かと問われれば、まだまだ改善の余地があり、給与を話し合うタイミングごとに毎回、大小様々なアップデートが行われている。

だからもしかすると、この本を読んでくださった今、ダイヤモンドメディアの「給与の決め方」はここに書いてあることから大きく変わっているかもしれない。

それも含めて、プロセスの一部として参考にしてもらえたらと思う。

実力給は「相場」で決まる。

相場には、「Aさんが他社に転職したら給料はどのくらいになる」とか「Aさんがやっている仕事をアウトソースするとしたらいくら支払うか」といった社外の労働市場における相場と、「Aさんは同じチームのBさんより多くの給料をもらってしかるべき」といった社内の相場のふたつがある。

このふたつの相場をなんとなく念頭におきながら、みんなで話し合って「Aさんの実力給は○万円がいいんじゃないか」という合意を作っていく。

こういうやり方なので、正解はない。

僕らのやり方に慣れていないメンバーには、「もっと他の会社の給料制度を参考にしたら」とか「転職サイトに登録してみて、どのくらいの給料が提示されるか見てみたら」とか言われることも多い。

でも、例えば同じゲーム業界のエンジニアだって、トップクラスの会社は年収2000万円も当たり前、エンジニアの実力はそれほど変わらないと思われる中堅クラスの会社では年収500万円も普通——といった状況で、平均を取ったところであまり意味がない。

考える材料として必要なら調べてみてもいいが、結局は当事者である僕らが納得できる金額に落ち着く、ということが重要だと考えている。

「成果」ではなく「実力」を給料の基準にする

先に、給料は直近の成果によって上下するものではなく、その人の存在価値みたいなものによって決まるもの、という説明をしてきた。

「存在価値」というものを別の言葉で言い換えると、僕は「会社の資産を増やす力」だと考えている。


人はどうしても、大きな売上が上がったとか、めちゃくちゃ徹夜して頑張ったとか、最近起きた目に見えやすいものに引っ張られて評価をしがちだ。

そういうものは会社の財務諸表のうちのＰＬに影響する。

これは、先に指摘したとおり、誰の貢献によるものかを完全に明確にすることはできない成果だ。過去からのみんなの努力の積み重ねかもしれないし、たまたま買う気になっているお客さんに出会えただけだったのかもしれない。

だとすれば、最近大きな売上を上げた人が、今後もずっと会社に利益をもたらし続けるかどうかは分からない。


本来評価されるべきなのは、ＰＬではなくＢＳにあたる、会社の資産を増やす動きだ。

例えば、新しいビジネスモデルやマーケティングの仕組みを作るということは、中長期的に会社に収益をもたらし続けるという意味で重要な資産になる。

つまり、ダイヤモンドメディアで「この人の給料をもっと上げよう」と言われるのは、大きな売上を上げたり多くの仕事をこなしたときではなく、会社の資産を増やすような動きができるような「実力が上がった」とみんなが認めたとき、ということになる。

給料が決まるプロセス

給料を見直すのは半年ごとだが、6ヶ月前にその人がどういう状態だったか、というのはなかなか覚えていられないので、現在は3ヶ月毎に振り返りをするようにしている。

1　事前アンケート

まずは、メンバー一人ひとりについて、全メンバーがアンケートに回答する。この3ヶ月で成長したポイント、今の給料の額に対し傍から見て違和感があるかどうか、違和感がある場合は適正と考える金額を、全メンバーがアンケート形式で入力する。

ちなみに、特に言いたいことがない人については何も入力せず「委任」もできる。全体で見ると半数程度が「委任」になるが、仕事で関わるメンバーの多さなどによって、たくさんフィードバックが集まる人もいれば、その逆になる人もいる。

2　お金の使い方会議

給料についての話し合いは、会社全体のお金の使い方について話し合う「お金の使い方会議」の中で行う。

まずは集計されたアンケートが配られ、全員がそれを黙読。アンケートの回答内容は匿名化し、記入された意見が普段同じチームで仕事をしているメンバーからのものか、他のチームのメンバーからのものかが分かるようになっている。

メンバーに対して遠慮せずに意見を出せること、その上で誰がどんなフィードバックをもらっているかをお互いにオープンにできることが重要だと考えているからだ。

その後、普段仕事で関わりのある人同士7～8人のグループになって、それぞれのアンケート結果について話し合う。

前回の給料改定から3ヶ月後のタイミングでは、ここで終了。

6ヶ月後のタイミングでは、話し合いの結果、それぞれの給料の額を決めて、各グループが持ち寄る。

全員の給料の額を合計し、会社の人件費予算の基準値を超えていた場合は、もう一度グループで話し合って給料の額を出し直す。

これを繰り返し、予算内に収まってかつ、みんなの納得できる金額を決める。

3 給料決定

6ヶ月毎のお金の使い方会議で決まった給料額が、次の半期の給料に反映される。

※ 管理会計については『稲盛和夫の実学―経営と会計』、アメーバ経営については『アメーバ経営』を参照(どちらも稲盛和夫著、日本経済新聞出版社)。

3章

責任・権限

「上下関係のないフラットな組織」におけるリアルな人間関係のリアル

給料について考えていたら「役員はなぜ必要?」という疑問が生まれた

2011年から、ダイヤモンドメディアの役員（代表取締役と取締役）は選挙で決めている。

2016年からは社外の方も投票に参加できるようにし、選挙の後には個人別の得票率や投票時に添えられたコメントもウェブサイトで公開している。

僕らは意思決定の権限や責任が組織全体に分散したフラットな関係で仕事をしているので、本来なら役員という存在は必要ない。でも、法律の上では株式会社には1人以上の取締役をおかなければいけないことになっている。

創業当時は僕とほかの共同創業者の3人で役員をやっていて、その意味について深くは考えていなかった。

給料も毎月の収益に応じて分配していて、役員報酬は期首に金額を決めたら1年間変えてはいけないなんて、会計士に指摘されるまで知らなかったくらいだ。

ただ、全員で給料について話し合うようになると、みんなは半年毎に給料の額を変えるのに、役員は1年に1回しか変更できない。それって変じゃない？——という疑問が出てきた。

給料について話し合うということは、それぞれが普段何をしているのかをあらためて見つめることにもなる。

メンバーの中には役員以上にがんばっている人もいるし、役員が特に「役員らしいこと」をしているわけでもなかった。

じゃあ、何のために役員というものがあるのか、どうしても役員を決めなければいけないなら、どうやって決めるのが適当なのか——そんなことが気になりだしたのだ。

会社の当たり前に疑問を投げかけてみる

こういう疑問にぶつかったとき、言葉の意味や制度の成り立ちまでさかのぼって調べ、自分たちなりの対処方法を考えるのが僕のやり方だ。

そこでとりあえず、「取締役」の定義について調べてみた。

その結果わかったのは、同じ株式会社でも取締役会を設置しているかどうかとか、複数名の取締役がいるかどうかでその権限は異なったりして、一言で「取締役とは」を説明するのは難しいということだ。

ちなみに、取締役会を設置していないダイヤモンドメディアの場合、法律上の取締役の役割としては第一に「業務の執行」がある。

他に、職務を行うに当たっての注意義務や忠実義務、会社が第三者に損害を与えたときには損害賠償の責任があることなどが定められている。

一般的な企業では、会社が進む方向やそのためにやるべきことを取締役のレベルで決めて指示を出し、それが適切に実行されるように管理することを「業務執行」と言い、社員はその指示にしたがって動くだけ、という考え方も成り立つのかもしれない。

でも、ダイヤモンドメディアでは、前述のような取締役の役割をみんなで分担していて、取締役だからみんなより大変なことをしているとか、偉いとか、そんな違いはないのだ。

強いて挙げるなら、社外の人と名刺交換したときに「取締役」と書いてあれば、ちょっと丁寧な扱いをしてもらえる、くらいの違いがあると言えばあるか……。

「とりあえず投票してみよう」で始まった役員選挙

こうやって突き詰めてみると、やっぱり僕らの中では「役員はいらないよね」という結論に達した。

でも法律には従わなければいけないし、だからといって共同創業者の3人をそのまま役員にしておくというのもなんだかすっきりしない。

じゃあ、どうやって決めればいいのか？

正直誰がやってもいいわけだから、メンバーが順番に役員になる「持ち回り制」なら平等でいいんじゃないか、ということも考えてみた。でも、毎年必ず入れ変わるとなると、役員になる社員の雇用関係の手続きや会社の登記簿の変更に手間もお金もかかる。

それに、「みんなで平等にといっても、新卒1年目で役員にするのはさすがにどうなの？」みたいな疑問も出てきて、「じゃあ、入社○年目以降のメンバーを対象にして……」なんて言い始めた途端、平等ではなくなってしまう。

いろいろ話し合ったけれど、「これだ」という結論は出なかった。だから、とりあえずそれぞれが思っていることを書いて投票して、その結果を見てどうするか考えよう——2011年に実施した最初の役員選挙はそんなノリで始まったのだ。

蓋を開けてみると、やっぱり「今の役員は、役員じゃなくていいんじゃないか」という意見もちらほらあった。ただ、会社を立ち上げ、まともな給料も出ないような時期も乗り越えて続けてきたという点で、創業者は他のみんなと違う苦労をしてきている。

過去の貢献も考えると、いきなり役員から降りてもらうというのは感情的に受け入れがたいところがあり、最初の2年は体制を変えずに続行した。

そんなことを繰り返していく中、3回目の選挙で「体制を変えてみよう」という空気になり、いったん役員は代表の僕だけになった。

法律上の最低人数を満たすということで、役員が1人という状態を2年ほど続けた。でも、不慮の事故にあったり、精神的なダメージで正常に仕事をできない状況が起こりえることを考えると、1人だけが役員というのは健全ではない。

やっぱり数名の役員がいる体制にしようということになり、その後は代表のほかに1名以上の役員をおく体制になっている。

社外の人でも投票可能な役員選挙

本来、僕らにとっては代表取締役も取締役も不要なもの。

だけどルール上は誰かに決めなければならないのなら、役割の固定化を避け、みんなの意見を反映するために投票しよう――そういう考えで、何年かは社内でこぢんまりと続けてみた。

ただ、これにはそれなりに労力もかかり、理屈では正しいと分かっていても、面白くしないと続けるのが辛い。そこで、もっと面白いイベントにするために、社外にもオープンな「お祭り的役員選挙」が始まった。

「社外の人が好き勝手投票して、メチャクチャな結果にならないの？」と驚く人もいるかもしれない。実は、社内だけでやっていたときから最終的な結果は投票数だけで決めているわけではない。第1章で述べたとおり、意思決定の方法として「多数決」は最も良くないやり方だ。
投票でみんなの意見を集め、それを元に話し合って、最後は「エイヤッ」で決めるのだ。だから社外の人の投票もひとつの意見として参考にするだけで、それに振り回されるようなことはない。

選挙のやり方は試行錯誤を続けていて、これからも変わる可能性が大いにある。今では僕はほとんどノータッチで、他のメンバーが企画から実行まですすめてくれている。今後どう変わっていくかわからないが、ここでは２０１８年度の役員選挙のプロセスを紹介する。

〈スケジュール〉

３月29日
２０１８年度の役員選挙公式サイトを公開。ＳＮＳも使って、社外の人にも「今年も役員選挙やるよ！」と告知した。プレスリリースも発表した。

4月2～9日
投票期間。

4月11日
投票の集計結果をサイト上で発表。現経営チーム（代表取締役：武井、取締役：岡村）のふたりで新経営体制の具体案について検討。

4月16日
現経営陣による具体案と、その案に至るまでの話し合いの内容をサイト上で発表。具体案に対する社内外からのフィードバックを募集。

4月20日
社内外からのフィードバックの内容をサイト上で発表。

4月26日

株主承認を経て今年度の役員が確定。

〈投票方法〉

投票は、ウェブフォームで誰でも参加可能。

立候補制ではなく、ダイヤモンドメディアの代表取締役および取締役にふさわしいと思う人の氏名とその理由を入力してもらう形だ。

参考になるように、サイト上ではダイヤモンドメディアの全メンバーを顔写真入りで紹介した。それぞれに簡単なアンケートに答えてもらった内容を掲載している。

ただし、サイトに載っていない社外の人を役員として推してもらっても構わない。

なお、投票にあたって「役員とはこうあるべき」とか、「こういう人に投票してください」といったガイドラインは特に提供していない。

個人個人の価値観で「あの人がいいんじゃないか」と思う人に自由に投票してもらっている。

役員選挙の実施

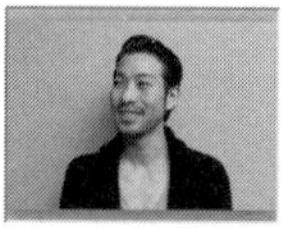

Q. あなたの名前を教えてください

A. 武井 浩三

Q. あなたがDMに関わってから何年経ちましたか？

A. 10年以上

Q. DMでのあなたの役割を教えてください

A. 出来るだけ何もしない事。日本の未来を考える事。

Q. 現在のDMで、ぜひ改善に取り組むべきだと思うことを教えてください

A. 社内外の人を含めて、もっともっと皆んなで会社を作っていけるようになったら良いなー。あと各サービスがこれからもっと伸びていくと思う。

Q. DMを今後どういう会社にしていきたいと思いますか？

A. 自然の摂理に則った会社。楽しくて仲が良くてお客さんにも貢献してちゃんと稼ぐ会社。

Q. 役員選挙2018への意気込みを教えてください。

A. 早く法律を変えたい。

このような形で、全メンバーの紹介をウェブサイトに掲載

〈投票結果〉

2018年度の投票結果は、次のようになった。

サイト上では、集計前の回答データも、投票者を伏せてすべて公開している。

ここでは、代表取締役として武井を選んだ人のコメントの一部を紹介しよう。

・まあ、妥当かと。
・象徴的な。
・この人しかいないと思う。Mrダイヤモンドメディア
・入社したばかりで急に方針が変わっても困るから。

役員選挙の結果

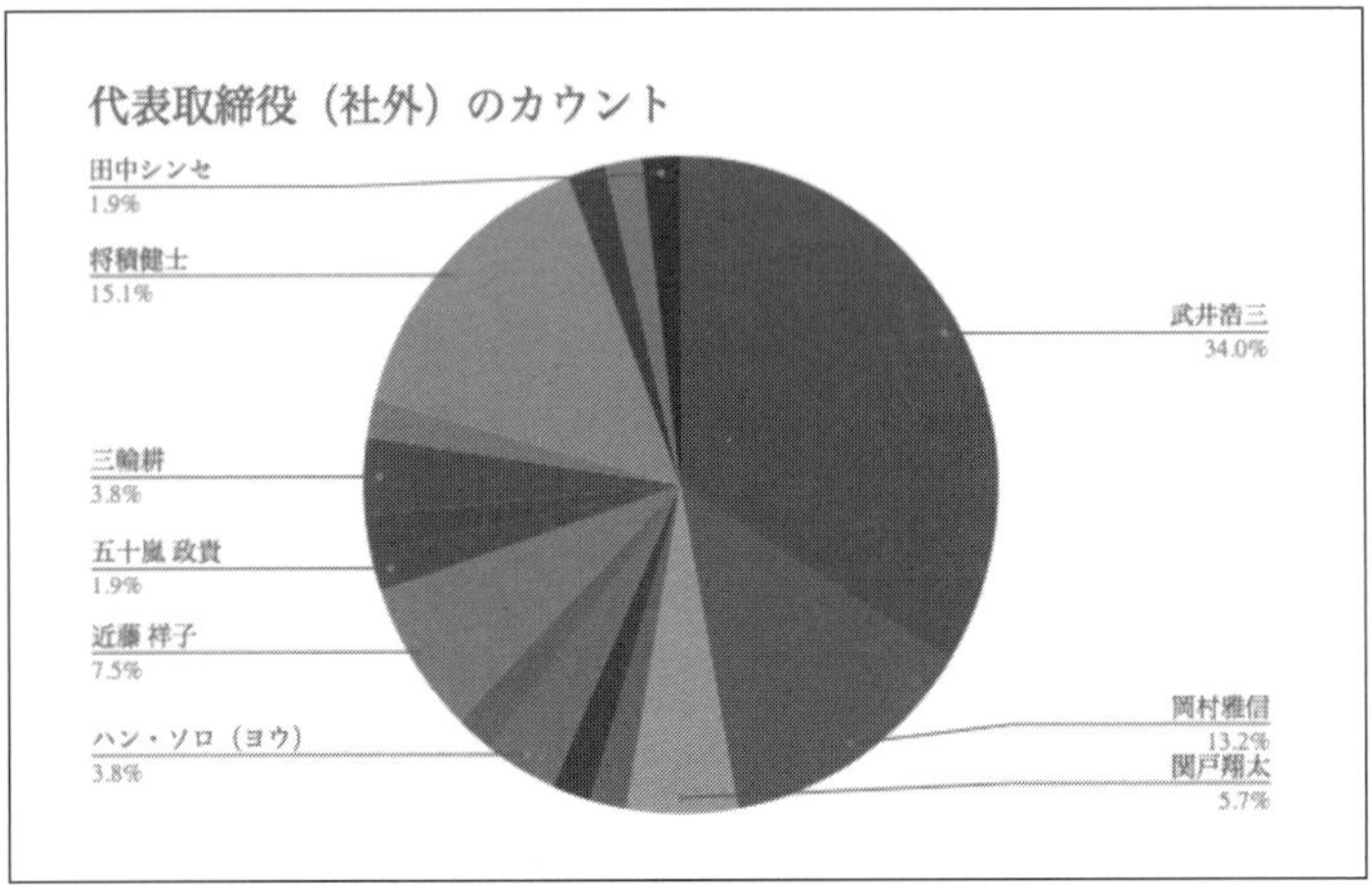

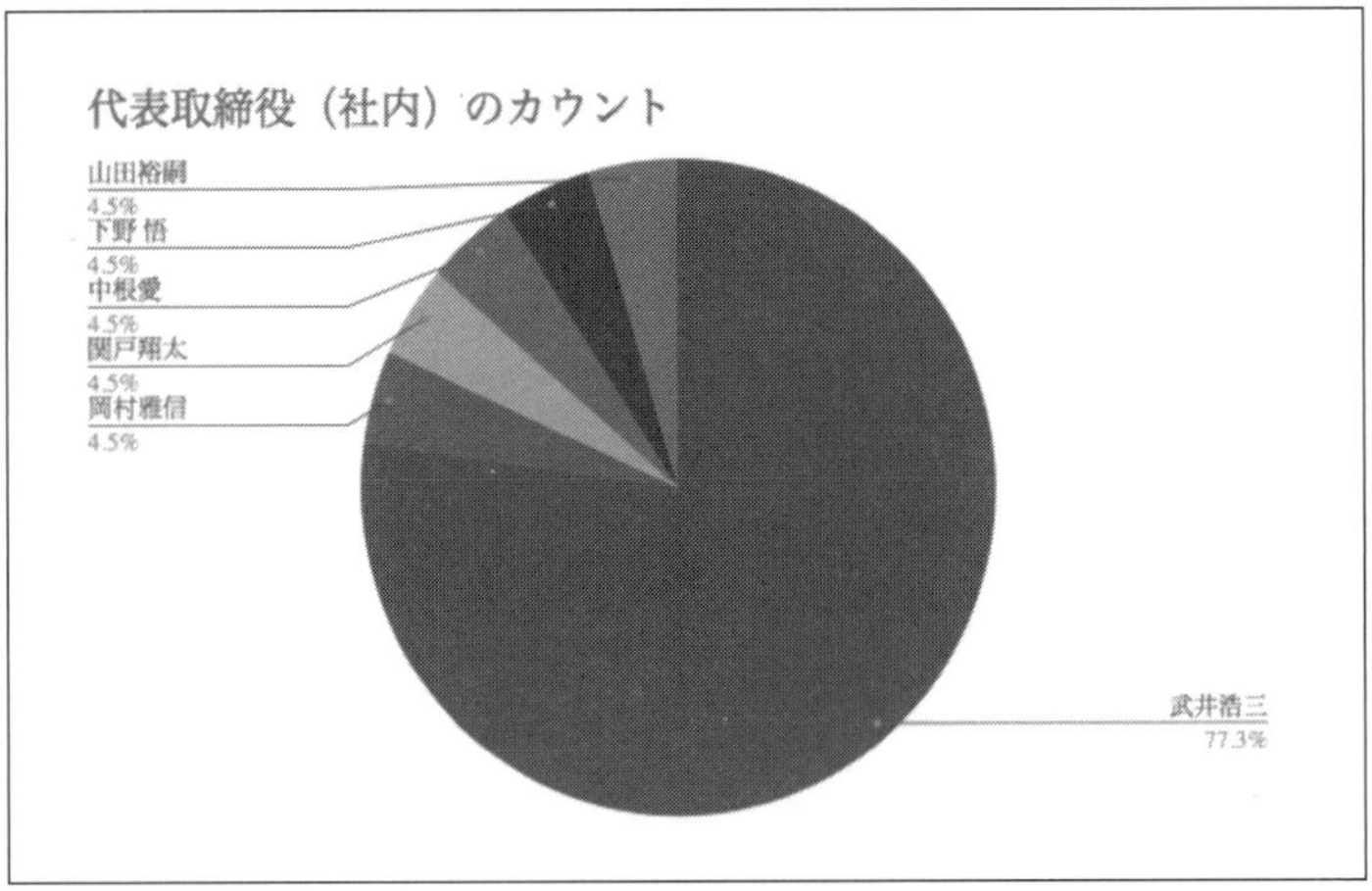

投票の集計結果をコメントと合わせてウェブサイトで公表している

・資産が一番多いから
・武井さんが代表でいてくれるからこそ自由な風土が出来てると思うから
・代表だから。
・他にできること無いし。
・武井さんでいいと思う
・武井さんがいない状態でも会社が回せるのが理想ですが現状武井さんの力は大きいと思います。

これを見ると、よく考えて投票している人、そうでもない人、いろいろな温度の人たちが入り混じっていることが分かると思う。

僕はそれでいいと考えている。先に説明したように多数決で決定するわけではないし、「難しいことは分からないから……」と敬遠せず、軽い気持ちででもいいから意見を出してもらうことが重要だと思うからだ。

〈新体制の決定〉

投票の結果を受け、具体的にどうするかはその時の役員で検討することにしている。

２０１８年度の場合は代表の僕と取締役の岡村の２人で話し合った。

そして、事業の状況や体制が前年と大きく変わらないことなどから、僕と岡村が続投するという案に落ち着いた。

この案を社内外に発表し、またウェブフォームで意見や感想を受け付けたところ、体制案に対する反対意見は特になかったことから、株主承認を経て２０１８年度の体制（２０１７年度と同じ）が確定した。

ちなみに、フィードバックの中には選挙の目的やプロセスに対する意見や感想が多くあった。一部を紹介しよう。

・取締役候補を３名選ばせる投票フォームだったので、取締役が３名になると思っていたらまさかの現任１名でびっくりです。真面目に３名書いた意味がなかった。悲しい。

（社外の方からの意見）

・一度、現役員以外から、この人は！　という人に代表変更してみては。（社外の方からの意見）

・役員のいない会社でも良い気もしました（考える事が減るので）。（社内メンバーの意見）

・変更が無いのは問題ないと思いますが、動きが無いと惰性で続けているような印象になってしまいそうなので、ちゃんと機能してうまくいっているという実感が残るようにしたい。（社内メンバーの意見）

・お祭り、と位置づけるとしたら、マンネリ感が出始めてるかもしれませんね。今回のこれまでとの違いはこれ！　みたいなのがあると良いかもな、と思いました。（具体案、というよりプロセスへの感想）（社内メンバーの意見）

・結果については、現任／継続、が既定なんじゃないの？　ってみんなが思いながらやっているような気がするので、これもマンネリと感じた一因かも。（無理矢理変える類のものではない、ですが）（社内メンバーの意見）

・役員間で選挙についてのそもそも論を語るのも大事ですが、なぜこの結果なのかの理由は情報としてもう少し欲しいなと思いました。結果へのフィードバックが薄いとそれこそ選挙、なんのためにやっているのかなと思ってしまうので。ルールで必ず毎年必ず1名は変更するとかゲーム性持たせた方が変化があって楽しめる！（社内メンバーの意見）

これらの意見を見ると、役員選挙に対するマンネリ感や、結果として体制がずっと変わっていないことに対する疑問が生まれていることが分かる。

僕と岡村の話し合いの中でも、これから役員選挙はどうすべきか？　ということがかなり議論になった。

選挙は経営体制に対して、誰もが気軽に発言できる機会となる

岡村は「長期的に結果に動きが生まれなければ、今のまま選挙を続けても希薄化、形骸化する」と言って、「毎年必ず交代する」とか「毎年新しい役員が増える・入れ替わる」といったルールを事前に決めてもいいかもしれないと提案してきた。

一方、選挙をやるのは「役員の交代」が目的ではない。そういう風に無理に動かす仕組

みを作るのは最善の策ではない、というのが僕の意見だ。

もうひとつ、投票はみんなでするけれど、それを元に具体案を作るのは現役員であるというプロセスが「トップダウンで決めている」と感じられるのではないか、というのは僕も岡村も気になった点だ。だからと言って、具体案の検討にも全メンバーが関わるべきかというと、それはそれで違う気がする。

経営の体制を決めるというのはとても責任の重いことだ。その責任を背負った状態で自分の意見を言うには、それなりの知識や信念がいる。

それを全員に求めるのは本意ではない。

「経営に深く関わりたい」というメンバーもいれば、プログラミングに集中したいというメンバーもいるし、「入社したばかりで良くわからないから任せます」というメンバーもいる。

人それぞれで構わないと思う。

でも、どんな立場であってもダイヤモンドメディアのメンバーなのだから、気軽に意見を表明できる機会は保障したい。

それを実現する方法として、今は投票という形をとっている。

僕の本音は、役員がいなくてもいいように法律が変わってくれるのが一番だが、当面は変わりそうもない。

しばらくは役員選挙かそれに代わる決め方を、今後も模索していくことになるだろう。

肩書がリーダーを決めるのではなく、みんなから認められた人が自然にリーダーになる

ダイヤモンドメディアには組織図がなく、役職や上下関係がない、社長や役員も本当はいらない――なんて言うと、「それでよく会社が回りますね」とか「問題が起きた時、誰が責任をとるんですか?」と言われることが多い。

多くの人にはヒエラルキー型の組織で仕事をすることがあまりにも当たり前になっていて、そうでない形で物事を進めていくというのが想像しづらいようだ。

僕はむしろ、役職や上下関係を盾に、誰かが誰かに一方的に命令して従わせる関係とい

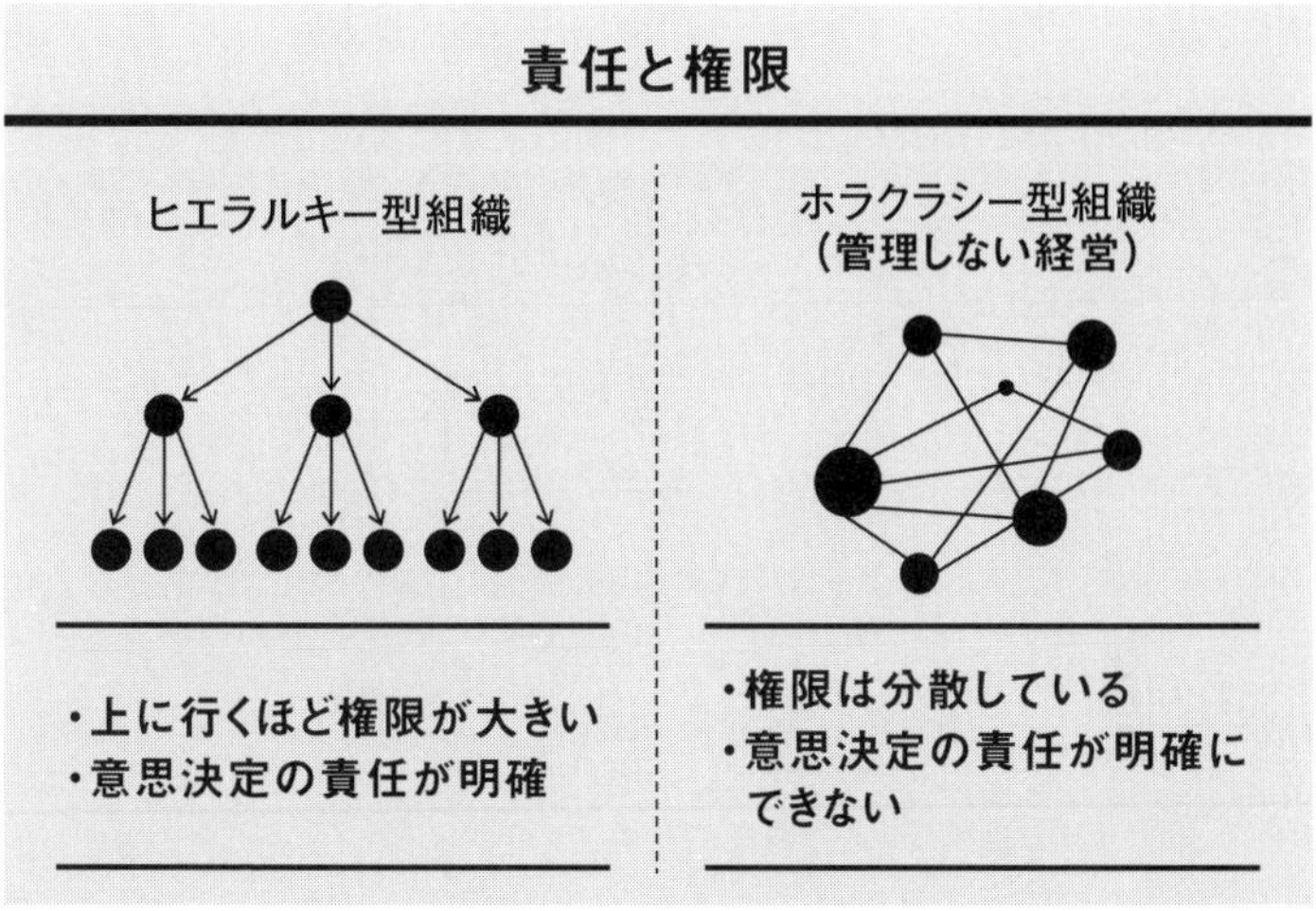
責任と権限
ヒエラルキー型組織
ホラクラシー型組織
（管理しない経営）
・上に行くほど権限が大きい
・意思決定の責任が明確
・権限は分散している
・意思決定の責任が明確にできない

うのは不健全だと思う。

個人が権力で物事を動かすということをやっていると、本当は能力がなくてトンチンカンなことを言う人や私利私欲に走る人が暴走を始め、組織に対して悪影響を及ぼしてしまうリスクが高い。

そうではなく、お互いに対等な関係の中で「こういうことを、こうやったら上手くいきそうじゃない？」「そうですね。やりましょう」みたいな話し合いで進めていくのが、健全なやり方じゃないだろうか？

固定的な組織図や役職がないというのは、リーダーがいないということではない。

ヒエラルキー型の組織では「あなたは○○事業部の部長をしなさい」とか「君が新規事

業を企画しなさい」とか、権限のある人が誰かにリーダー役を任命する。

一方、僕らの会社では「これをやりたい」という意思を持ってリーダーシップを発揮し、周りから認められた人が自然にリーダーになる。

役割を限定しない方が、全体のパフォーマンスは向上する

だから、今やっている業務と関係なくても、やりたいことを見つけたら好きに始めていい。

「こんなこと、やったらいいと思うんだけど」と提案してみて、社内で他にもやりたい人がいれば一緒にやればいいし、社外の人と実験的にやってみるというのでもいい。

それが会社にとって意味のあることであれば、活動は自然に続いていくだろうし、賛同者が少なければ自然消滅していくこともある。

一般的な組織図というものは、社長、取締役、部長、課長……といった階級を表す縦の軸と、事業部や職種といった機能を表す横の軸のマトリクスでできている。

それぞれの軸が交わる四角い枠に、求められる役割や評価基準や給与水準などが設定され、人が当てはめられる。

でも、人間はそんなに都合よくできてはいない。その四角形の枠にぴったり合う能力を持つ人なんて、なかなかいないのだ。

ちょっと足りないところがあればそれが減点の理由になり、逆にはみ出すところがあっても活かされることがないのは、とてももったいない。

もともと決められた枠なんてない僕らの場合、「発揮できる能力は全部発揮してね」、「足りない部分はそれを持っている別の人がやればいい」という考え方だ。

みんなの能力をパズルみたいに組み合わせ、会社として必要な機能を実現する。新しい人が来れば、その人に合わせて周りも役割を組み直す。

だからすごく優秀じゃなくても、何か会社のニーズを満たす部分を持っている人であれば共存できるのだ。

目標管理型の評価をしないから、自律的に能力を発揮できる

ヒエラルキー型の組織でも、エライ人は社員に対して「自分の役割に固執せずに力を発揮してほしい」とか「どんどん新しいことに挑戦してほしい」と思っていることが多い。

でも、役割や目標からはみ出した部分でいくら成果を上げても評価されない上、足りない部分があれば評価を下げられるという環境では、それは難しいだろう。

「やりたいことがあれば、それに合わせてポジションも変えればいいじゃないか」という意見もあるかもしれない。

でも、例えばある部署でマネージャーをやっていた人が、新しいことにチャレンジするときにもマネジメントができるとは限らない。

そんなとき、ポジションと給料が連動している会社では、彼を降格して給料も下げるのか？　ということが問題になってしまう。

本人のモチベーションにも影響するのでなるべく避けたいところだろう。

そんな事情からも、新しいことに挑戦するよりも、与えられたポジションで給料相応の働きをしてほしいという圧力が強くなってしまうわけだ。

ダイヤモンドメディアの場合、仕事の内容が増えたり変わったりすることに合わせて給料が変わるわけではない。

「やりたいならやってみれば」というだけだ。

やってみたことで、「実力が上がったな」とみんなの評価が変われば、給料は後から上がる。

また、持っている能力を会社の中だけでは活かしきれなかったり、会社とは無関係にやりたいことがある場合は、社外で活動しても構わない。

後で紹介するが、ダンサーやシェアハウスの運営など、ダイヤモンドメディアで果たしている役割とは全く別の副業を持っているメンバーもいる。

反対に、やりたくないことはやらない自由もある。

「こんなことやりたくない」と文句を言いながらやっているのなら、「やらなければいいじゃん。誰もお前にやれとは言ってない」と言われておしまい。

他に「やるべき」と考える人がいればその人がやるし、誰もやりたくないなら、その仕事はそもそも必要のない仕事だった、というのが僕らの考え方だ。

僕はよく「管理しない経営は経済合理性が高い」と言うのだけれど、それが分かりやすいのが、この部分だと思う。

あらかじめ定義した役割に人を押し込めるのではなく、個々の実力や熱意を社内外で余すところなく発揮してもらう。

誰もが無駄だと思うような仕事は、自然になくなる。それによって、社会に生み出される価値の総和は大きくなるはずだ。

フラットな組織≠みんな仲良しの会社

ダイヤモンドメディアは10年前の設立当初から上下関係のないフラットな組織を作ってきたけれど、最近では他の会社でも「フラットな関係」を目指すところが増えている。「心理的安全性」という言葉もよく聞くようになった。

「心理的安全性」は、Googleが自社の世界中のチームを分析した結果、「チームの効果性に最も影響する因子は心理的安全性だ」と結論づけたことで有名になった。

簡単に言うと、他の人に否定されたりバカにされたりするんじゃないかと心配することなく、みんなが素直に発言したり行動したりできるようなチームが「心理的安全性の高いチーム」だ。

フラットな関係や心理的安全性を実現すれば、居心地よくて働きやすく、良いアイデアも出やすい状態が実現されるだろう……ということで、世の中の会社はいろいろな取り組みをしている。

そんな中で僕が「ちょっと違うな」と思うのは、単に「仲良くなる」ことを目的にした活動だ。

「仲の良い会社」や「アットホームな会社」と、「フラットな会社」は全然違うものだ。

SNSを見ていると、社員との仲の良さをアピールする経営者も多い。

社員がサプライズで用意してくれた誕生日ケーキの写真と「こんなことをしてもらって嬉しいです！」みたいなコメントを投稿していたりするやつだ。

でも、僕はそういうのにすごく違和感がある。誕生日を祝ってもいいけれど、みんなが社長の誕生日を祝うように、他の社員の誕生日もみんなで祝っているのだろうか？　もしそうでないならば、そこにあるのはフラットな関係ではない。

ヒエラルキー型の組織では、より上位にいる人が、その下にいる人達の生殺与奪権を握っている。

平社員はマネージャーの、マネージャーは役員の、役員は社長の顔色を窺うことになるし、もっと言えば社長は株主の顔色を窺わざるを得ない構造になっているのだ。

その構造の中では、いくら仲良さそうに過ごしていても、周りから否定されそうな本音を口にしたり、弱みを見せることは難しいだろう。

本当の意味での心理的安全性を実現するには、そういう権力構造をなくすしかない。そもそも上下関係がない会社であれば、本音を言っても弱みを見せても不利にはならない。だからダイヤモンドメディアでは、心理的安全性が高いかどうかも問題にならない。

反対に、多くの会社は権力構造を捨てられないからこそ、その限界の中でできる限りフラットで心理的安全性の高いチームを実現しようという努力が必要なのかもしれない。

相手が新人でも命令はできない

本当にフラットな関係とはどういうものかというと、相手が新卒入社したばかりの若いメンバーであっても、命令して何かをやらせることはできないということだ。

もちろん必要なら教えたりアドバイスしたりはするけれど、それを聞くかどうかは本人次第。

「いいから黙ってやれ」とは言えないので、面倒くさい面もある。

役職がないということは、責任の所在があいまいであるということでもある。通常、役職というのはその人が引き受ける責任の範囲を決めるものだからだ。

僕らの場合、お客さんに対して迷惑をかけたときなど、誰かが代表して謝ることはある。だけど、社内においてはその人が責められるわけではない。

役員選挙のところでも説明したとおり、責任はみんなに分散しているのだ。

それは問題を放置するということではない。反対に、何か問題が起きたときには「誰の責任か」を追及するよりも「どうしたら解決できるか」に意識が向くので、建設的な話し合いをして前向きに動くことができる。

また、エライ人の一存で何かを決めることもできないし、「この人に話を通しておけばOK」みたいなこともない。

僕は社長という立場上、ほかの会社から営業されることも多い。でも、「俺に言われても分からないから」と言って断ってしまう。

それぞれの業務は現場の裁量で回っているので、僕が勝手に何かを決めることはできないのだ。

採用に社長は関わらない

第1章で書いた通り、僕はだんだんと採用に関わるのを控えるようになった。

僕らのような中小企業だと、最終面接では社長が会うというケースが多いけれど、僕は最後まで会わない。知らないうちに、新しい人が入ってくるという状態だ。

だから現在のダイヤモンドメディアの人材採用の仕組みについて、僕は詳しくは把握していないのだけれど、ざっくり説明すると次のような感じだ。

まず、人事部という部署はない。コーポレート部門にいるメンバーが取りまとめ役となり、各事業部で採用のことを考えているメンバー数人とプロジェクト体制で採用の実務をしている。

具体的には、「こんな人を採用したい」という情報を共有し、そのために「ブログにこんな記事を書こう」とか、「こんな募集を出してみよう」といったことを相談して決めている。

ITエンジニアはだいたいいつも募集していて、その時の必要に応じてデザイナーやコーポレート部門、営業のメンバーを募集したこともある。

候補者が現れると、社内のチャットで「こういう人から応募がありました」という情報共有があり、面談で聞くことを確認したり、面談するメンバーをアサインしたりする。相手がエンジニアならエンジニア、デザイナーならデザイナーを中心に2〜3人で1回目の面談をし、各自が採用管理用のツールに合否と感想などを入力する。

基本的には全員が合格と判断した人が次の段階に進むが、誰かが不合格としていても「どうしても入社してほしい」という意見があったりすると、更に検討することもある。

人によって回数は異なるが、こういう面談を何度か繰り返す。

その途中、採用管理ツールに書き込まれたコメントを見て「自分も会ってみたい」と面談に参加するメンバーもいて、ひとりの応募者に対してだいたい5～6人のメンバーが会って内定することが多い。

応募者から「役員に会って話したい」という要望などが出ればそういう場もセッティングしたり、一緒に食事したりすることもある。

そして内定のタイミングでこちらが想定する入社時の給料の額を伝え、合意すれば正式に決定する、といった感じだ（給料の額は入社後にみんなに公開されるので、相手の希望も聞きつつ、ダイヤモンドメディア社内の相場から大きくずれない金額になるようにすり合わせる）。

最近はこんな形で、1年に10人以上のメンバーが入社している。

こういう採用の型みたいなものができてきたのはここ1年くらいのことで、それまではもっと行き当たりばったりだった。

新たに入社した人がうまくいくかどうかで一番影響を受けるのは一緒に仕事をするメン

バーなのだから、彼ら自身が採用の仕方を決めるのが一番良いはずだ。同じ理由で、採用不採用を決めるときに社長が面接する必要も感じていない。

正社員、業務委託契約のメンバーの関係

ダイヤモンドメディアでは、いわゆる正社員として雇用した人も、業務委託で長期契約をしている人も、同じようにメンバーとして扱っている。

業務委託契約の人でも社員と同じ権限で会社のいろいろな情報が見られるし、報酬も社員と同じく給料を決める話し合いでその額を決めるのだ。

世の中には、社会保険料を負担しなくていいとか、解雇しやすいといった理由で社員として雇用するよりも業務委託契約をしたがる会社もある。

でも、ダイヤモンドメディアの場合はそうではなくて、実力のある人に長期的に貢献してもらいたいという点では社員と一緒だ。

だから採用のプロセスも社員と同じで、何度も面接して決めることが多い。ただ、業務委託なら前の会社を辞めずに、まずは短時間でできるだけの仕事をしてみる、ということ

も可能だ。

そうやって「お試し期間」を持てることは、お互いにとってリスクを低くする良い方法だと思う。それでうまくいって本格的に仕事をしてもらうことになった時点で社員になってもらうこともあるし、本人の希望で業務委託のままということもある。

管理しない経営における「個人の自由」とは？

新しいメンバーが入ってきた時、ダイヤモンドメディアでは「上司として何かをしなさい」と命令する人もいない。

会社の情報は全てオープンで、入社したばかりでもすぐにアクセスできるようになっている。

そういった情報と、何よりも他のメンバーとのコミュニケーションを通して、自分が何をすればいいのかを感じ取って自律的に動いてほしいと思っている。

ただ、ダイヤモンドメディアの管理しない経営が世の中の一般的な会社のやり方とかなり違っていて、ほとんどの人はそのギャップを前に迷ったり不安になったりするのも確かだ。

過去には入って1ヶ月で転職してしまった人もいた。

それはそれで仕方がないというか、合わないということが1ヶ月で分かったのであればむしろ良かったのではないかと思う。それでも、多少の道しるべはあった方がいいかもしれないという意見があって、2017年に「サバイバルジャーニーガイド」という資料が作られ、最近では新しいメンバーをサポートする取り組みとして「ブラザー&シスター制度」も始まった。


特にサバイバルジャーニーガイドは社外にも公開していて、ダイヤモンドメディアの特徴として以下の12の項目が挙げられている。

1　情報の透明性を何よりも重視します
2　組織図はありません
3　休日、働く場所・時間。自分で決めてください
4　何にどれだけ時間を使ったか共有しましょう
5　仕事を与えてくれる上司はいません

6　代表・役員は選挙で決めます
7　雑談を大切に（ブレストの文化）
8　オフィスはみんなで作ります
9　個人の給与は「お金の使い道の一つ」にすぎない
10　その経費はどれだけの価値を生みましたか？
11　超えろ！　30万円の壁
12　手当は手厚め、賞与は業績に連動「しません」

3つ目の項目「休日、働く場所・時間。自分で決めてください」について、実際はどんな感じなのかを紹介したい。

「サバイバルジャーニーガイド」には、次のような解説がある。

働く時間、場所、休み、全ては個人に委ねられています。
お客様やチームメンバーに相談の上、迷惑や負担をかけなければ、働き方に制約は無いと考えています。

ダイヤモンドメディアでは給与が労働時間や作業内容に紐付いておらず、その人の生み出した価値に対して対価が支払われます。そのため働く場所も時間も休みも、各々が自由に設計する事が出来ます。

役員の岡村が会社のブログに書いた「自由な働き方のリアル」という記事には、メンバーの働き方としてこんな実例が出てくる。

・朝からカフェで仕事していて、午後くらいにオフィスに来る
・朝からオフィスにいて、夕方に早めに帰って子供をお迎えに行って、夜また仕事を再開する
・定例MTGのある日はオフィスにいて、週2~3日は自宅で集中して仕事をする
・平日の昼間にダンスのリハーサルに行く
・2週間国に帰るのでその間はリモート
・子供が熱が出たので自宅で看病しながらリモート

働く場所と時間を、個人が自由に決めていることが分かるだろう。他には、こんな自由な行動も暴露されている（1番目は岡村のことだ）。

・仕事中にお酒を飲む
・仕事中に筋トレをする
・仕事中にマンガを読む
・仕事中にギターを弾く
・仕事中にゲームで対戦する
・仕事中にダンスのリハーサルに行く
・仕事中にお散歩に行く
・仕事中に映画を観に行く
・仕事中に買い物に行く
・仕事中に病院に行く
・仕事中に家事をする
・仕事中に料理を作る
・オフィスに子供を連れてくる

ダイヤモンドメディアには、働き方に関して決められたルールや当然こうすべき、という常識みたいなものはない。

個人やチームのパフォーマンスが上がるのであれば、夜中に働いたって、飲みながら働いたって構わない。

その日の都合や気分によって休んだり、途中で抜けたりするのも、それで周りに迷惑をかけないのであればOKだ。もちろん、全く働かないというのはナシだ。それから、マイペースを貫くあまりにチームのリズムを崩すようなやり方は困る。

だけど、そういう人がいるからみんなの働き方を自由にするのをやめるとか禁止事項をたくさん作る、ということはしない。

周りに迷惑や負担をかけるような働き方をしている人や、成果の出ない働き方をしている人がいるなら、本人に対して「違うやり方をしよう」と話をすればいい。それでも変わらないなら、みんなの評価が給料の額に反映され、場合によっては「一緒にやっていくのは難しいんじゃない」という話になることもある。

ルールで縛るのではなく、そうやって調整すればいいことなのだ。

副業を持つ社員はこんな働き方をしている

ダイヤモンドメディアには、自分で別の会社を経営していたり、フリーランスとしてダイヤモンドメディア以外の活動もしている人がたくさんいる。

僕らは「その人が持つ能力を世の中に対して最大限使い切る」ということが理想だと考えているので、ひとつの会社の中だけで持て余す力や熱意があるならば、会社の外でそれを生かしてくれればいいと思っているのだ。

ダイヤモンドメディアの仕事と他のことと、どのようにバランスを取るかは人それぞれだが、ほとんどフルコミットしながら別の活動も一生懸命やっているメンバーもいる。

ここではそんなメンバーの事例として、関戸《せきど》 翔太《しょうた》と石田康子《いしだやすこ》に登場してもらい、自分たちの働き方について語ってもらおう。

*

――まずは関戸さんの、ダイヤモンドメディアへの入社経緯や今の業務内容を教えてください。

関戸　２００８年の11月に入社しました。もう10年もいるんです！　その前は学生時代に立ち上げたベンチャー企業を経営していました。

いろいろあってそこを辞めることになったときに、この会社の創業メンバーの１人にスカウトされたのがきっかけです。ダイヤモンドメディアも学生起業の会社でしたから、学生ベンチャーで失敗してまた学生ベンチャーへ、というのは正直躊躇しました。でも、リベンジしたいという思いもあって、この会社に来たという感じですね。

今は「ダイヤモンドテール」という不動産業界向けのホームページ作成パッケージの、新規営業から構築、構築後の運用まで全てやりつつ、会社全体の戦略や人材採用、給与制度について考えたり、納会の運営をやったりしています。

――副業をされているそうですね。

関戸　MAY'Sというアーティストのマネジメントのサポートと、専属のバックダンサーをしています。

——どんなきっかけで始めたのですか？

関戸　僕は学生時代からダンサーで、さっきお話しした学生時代に起業した会社はダンサーの派遣会社だったんですよ。その会社を辞めたときにダンサーもやめていたんですけど、４年くらい前に知り合いに頼まれて、あるパーティで久しぶりに踊ったんです。

その動画をＳＮＳに上げたら、昔の仲間が「久々にやろうよ」と声をかけてくれて、そこから再開しました。

ひとつのライブに参加したのをきっかけに、最初は全国ツアーの中の数ヶ所だけ行くようになり、その翌年には10ヶ所くらい行きました。

そのうちにアーティストのマネジメントの手が足りていなさそうだというのも見えてきたので、スタッフ側のサポートもするようになって、だんだんMAY'Sに関する

仕事の比重が増えていったような感じです
僕は「サービスを伸ばす」というより「良いものを世の中に伝えていく」のが好きなんですよ。ダイヤモンドメディアでやりたいのは「ダイヤモンドテール」を通じて優良な不動産会社の存在を伝えていくということで、MAY'Sは、MAY'Sが作る音楽や人間性が世界で一番好きなので、一人でも多くの人にMAY'Sを知ってもらうことを考えることがすごく楽しいんです。そのために、ステージでダンサーとしてライブを盛り上げるだけではなく、広報活動などアーティストマネジメントもサポートしているわけです。

――その活動を始めるときに、会社に相談したり、了解を得たりはしたんですか？

関戸 それはなかったですね。だって、ジムとか英会話教室に行き始めようかな、というときに会社に相談しますか？　ダンサーを始めたのも、そんな感じだったんですよ。ライブにはみんなを招待しているので、僕がダンサーをやっていることは徐々に知られていきましたけど。

――活動の時間は、どういう風に調整しているんですか？

関戸　ライブは基本的に土日なので、土日に地方のライブで踊って、月曜日はふつうに仕事している、ということはよくあります。ちょうど一昨日は金沢、昨日は名古屋に行ってました。

わざわざ報告するようなことはないので、会社のメンバーは僕が昨日どこにいたかなんて知りません。それでいいんですけど、時々気持ちの切り替えが大変な時があります。ツアーファイナルでわーっと盛り上がった次の日に会社で「ここのタスクなんだけど……」みたいな話をしながら、内心はなんだかフワフワしてる……みたいな（笑）

――ダンスの練習は、いつしているんですか？

関戸　個人的に練習することはないんですけど、平日の夕方に全国ツアーの舞台稽古やリハーサルが入ることがあります。アーティスト側には、僕が会社で仕事をしていることは理解してもらっているので、平日の朝や昼間はなるべく外してもらうように交渉しています。
マネジメントの方では、ＣＤの発売時期が近づくと平日の昼間に企画会議や宣伝会議に参加したりすることもあります。
ダイヤモンドメディアではGoogleカレンダーで予定を共有しているので、そこに「MAY'S打ち合わせ」と入れて出かけます。あと、アーティストのホームページの更新なんかもやっていて、それは空き時間でちょこっと作業したりします。

――ダンサーとしての活動を始める前と後で、ダイヤモンドメディアでの仕事の量や質に変化はありましたか？

関戸　それはないですね。他にやっていることがあっても自分の役割をきちんと達成するということには、かなりこだわっています。逆に、それができていれば、昼に会社以外の用事を入れていても全然問題にならないんですよ。
みんな、いい意味で無関心で、僕が何をやっていても認めてくれているのはありがたいですね。

――他の活動をするために、ダイヤモンドメディアの仕事を少なめにする、という方もいますか？

関戸　それは人それぞれですね。写真を撮る仕事をしているメンバーなんかは、その時間を確保したいから、ダイヤモンドメディアの給料はこれ以上は上げないでくれ、と言っていたりします。

――なるほど。それでは石田さんも、ダイヤモンドメディアで仕事をするようになった経緯を教えてください。

石田　私は1年ほど前から業務委託でダイヤモンドメディアに参加しています。その前に手伝っていた会社がダイヤモンドメディアとつながりがあったことから、声をかけてもらったんです。

今はウェブディレクターとして、週2日は不動産の管理会社に常駐してその会社の複数のプロジェクトの支援をし、それ以外の日は他のお客さんから受託しているサービスのウェブマーケティングや、ダイヤモンドメディアが最近始めたTonashiba《トナシバ》というプロジェクトの仕事なんかをしています。

――副業は何を?

石田　シェアハウスを、自分も住みながら運営しています。コワーキングスペース付きのシェアハウスで、私と同じようなフリーランスや、これから独立起業したい人が集まっています。

――そちらは、長いんですか?

石田　いえ、それも1年前くらいからです。私が「シェアハウスを作りたいんです」という話をしていたら、ダイヤモンドメディアのメンバーのひとりがそういう物件の情報を持っている人につないでくれて、実現しました。

――2つの仕事はどういう風に調整していますか?

石田　ダイヤモンドメディアの方からは「業務に支障がなければいつ何をやってもいいよ」と言われていましたけれど、最初の頃は別件で抜けるときには一応それを伝えるようにしていました。

だんだん信頼関係ができてくると、いちいち言われる方も面倒だろうなと思って、あまり言わずに自分で調整するようになりました。

ただ、基本的にはシェアハウスの仕事は平日の夜や土日に入れるようにしています。見学者を受け入れたりイベントをやったりしていますが、対象者は社会人が多いので、平日の昼間に対応を求められることはあまりないんです。見学希望のメールに返信したりする程度のことは、昼間の仕事の合間にやりますけどね。

——石田さんはダイヤモンドメディアの仕事をフルタイムでされているわけですが、正社員になりたいとは思わないんですか？

石田　あえて業務委託にしてもらっています。その方が節税しやすいというのもありますけど、私は正社員にトラウマがあって……。

――トラウマ、ですか。

石田　新卒で入った会社がすごくブラックで、正社員というとそれをイメージしてしまうんです。それ以降はずっと業務委託でやってきているので、例えば部下を育てるとか管理するとか、そういう正社員的なことを今さらできる気もしないというのもあります。

関戸　うちでは、正社員だから管理的な仕事をする、ということは全然ないですけどね。

石田　この会社はそうですね。

――石田さんは、前の会社でも業務委託契約で仕事をしていたんですね。その時と今とで、会社との関係性の違いを感じますか？

石田　かなり違いますね。今は、自分が直接関わっているプロジェクト以外、例えばコーポレート部門の領域であっても、「こうすればいいのに」と思うことがあれば遠慮なく言えます。

前の会社もスタートアップでしたが、私の役割はあくまで特定のプロダクトを担当するウェブディレクターで、その役割の中でいかに会社のミッションを実現していくかを求められていました。

ウェブディレクターとして「ここはこうした方がいい」という意見を出すことはあっても、その範囲を超えて、例えば会社の仕組みについて何かを言う、というのは考えたこともなかったですね。

――前の会社でもすごく強い思いがある人は、立場を超えて社長に提案したりすることもあったかもしれないですよね？

石田　もしかしたら、そういうこともあるかもしれません。でも、業務委託の人がわざわざ社長に何かを言うというのは、すごく変な感じがしたと思います。すごく我が強い人のように見えるというか……。

――今のように役割に縛られずになんでも言える方が、やりやすいですか？

石田　特定のプロジェクトや業務のことだけやっていた方がラク、という人もいると思います。でも私にとっては、役割を杓子定規に決めるのではなく、その人が持っているものを活かすことについてのハードルが低い、今の状態が働きやすいですね。

4章

計画・実行

「管理しない経営」では、
誰がどのように意思決定をするのか？

将来の売上・利益の予測はしても、予算や目標を固定しない

前章では、メンバーに固定的な役割や目標など持たせない方が、それぞれが持っている能力が存分に活かされるし、無駄な活動は自然になくなって経済合理性が高いという話をした。

実は、かつては僕らも目標を立て、その達成を目指すという活動をやってみたことがある。

事業単位で売上目標を立て、四半期ごとに進捗を確認して打つ手を考える——という形での目標管理をやっていた。

フェーズによって異なるのだろうが、この時の僕らには「目標管理」はフィットしなかった。安定的にサービスを提供している段階の事業なら、「今期はこのくらいの人員を投入してこのくらいの売上を上げる」という計画も立てられるかもしれない。

一方、まだ立ち上げ期の事業やこれから始めることについては四半期ごとの売上見込み

なんて立ててもあまり意味をなさない。

数値的な目標を作ることにこだわると、予測のつかない新しいことには手が出しにくくなってしまうのだ。


僕らは売上の大きい会社ではなく、価値を生み出す会社、良い会社を作りたいと思ってやってきた。売上や利益はそのための手段として必要だ。できる範囲で「シミュレーション」は何度も行う。ただ、そのシミュレーションをもとに予算や目標を固定化したりはしない。

個人の成長を強制しない、邪魔しない

個人の目標管理に力を入れていたこともある。

それは会社のためというよりは、一緒に働くみんなにそれぞれ成長してほしいという思いからだった。

給料の決め方について第2章で、今は自己評価ではなく話し合いと相場で決まる、という説明をした。だが目標管理をやっていた頃は、自分が立てた目標に対してどうだったか

という自己評価を元に、給料の額を決めていたのだ。

当時は3ヶ月ごとに、振り返りと自己評価をして次の目標を設定する、ということを繰り返していた。

やっていて分かったのは、目標設定が上手い人と下手な人がいるということ。

下手な人は絶対達成できないような目標を設定したり、あまり深く考えずにとりあえず記入欄を埋めてきたりする。そもそも書いてこない、という人もどんどん増えてきて、明らかに形骸化していた。

それでは自己成長につながらないのでなんとか改善できないかと、目標入力シートの項目を改善したり、外部から講師を呼んできてみんなで研修を受けたりと試行錯誤してみた。

でも結果は変わらず、7年くらい続けていたのだが、思い切ってやめることにした。

今振り返れば、成長至上主義のようになってみんなに成長を求めるのは、おかしかったと思う。

メンバーの中には、すごく成長意欲がある人もいれば、そうでもない人もいる。成長したい人は会社の制度なんかなくても自分の中にちゃんと目標を持って、それに向かっていくことができる。

一方で、成長したいと思っていない人に周りがどんなに働きかけても、成長させることはできない。

成長するかしないかは人間の内部の事象なので、そこに対して会社がどうこうできるものではないのだ。だから今は、成長を強制せず、成長したい人のことを邪魔しない、ということを大事にしている。

「意思決定」ではなく「共感」で組織が動く

組織図や役職がない、事業の売上・利益目標や予算は決めない、個人の目標管理もしないと言うと、「誰がどうやって意思決定するんですか？」と聞かれることが多い。

答えとしては、「意思決定という概念が薄い」というのが一番しっくりするような気がする。

「意思決定」という言葉からは「いつ誰が判断した」という議事録に残されているような情報をイメージする。すごく静的、固定的な感じだ。

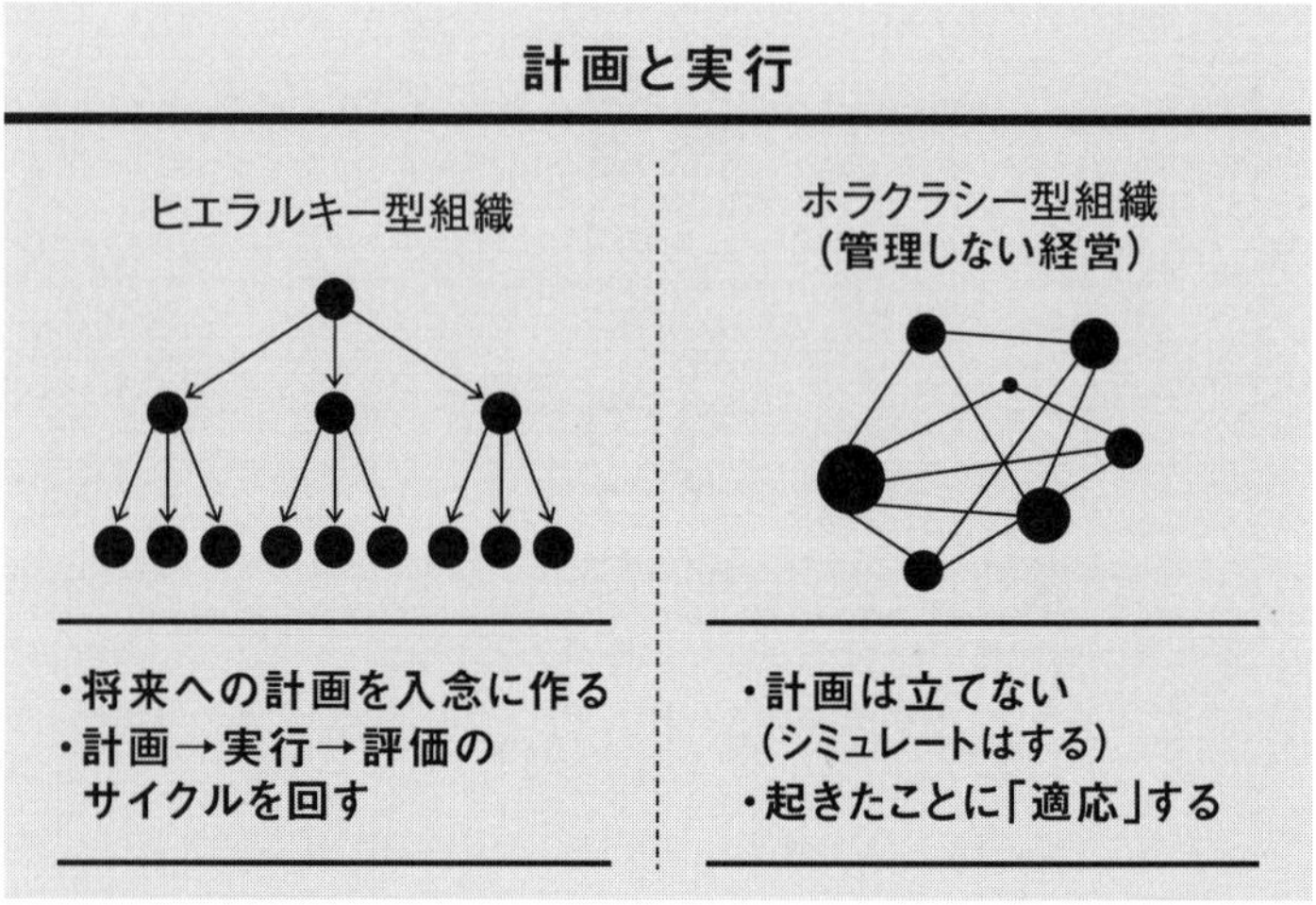
計画と実行
ヒエラルキー型組織
ホラクラシー型組織
(管理しない経営)
・将来への計画を入念に作る
・計画→実行→評価の
サイクルを回す
・計画は立てない
(シミュレートはする)
・起きたことに「適応」する

僕らは、そういうある一時点を切り取ったような事柄に縛られることなく、流れの中で自然に進む方向が決まっていく。

権限を持った人が決めたことにみんなが従うのではなく、それぞれが自律的に判断して動いた結果がダイヤモンドメディアという会社全体の動きになる。

そこで大事なのが、第2章で触れた日常的なコミュニケーションによるプロセスの共有と、会社の情報の透明性だ。

それがベースにあるから、各自がやるべきことや自分にできることを嗅ぎ取って動くことができる。

それと、個人が自由に動いた結果、全体がおかしくならないために必要なのが、個人のエゴを排除することだ。

そのためにはみんなが「それは自分のエゴじゃないか？　全体のためになるのか？」と意識することも大切だけど、もっと大切なのはエゴが暴走しない環境を整えること。

つまり組織の中に権力構造を作らないことと、情報の透明性が不可欠だ。


例えば、僕が「お客さんをもっと増やすために営業を強化したい」とか「もっとこうやれば効率がいいのに」というようなことを言ったときに、「社長の言ったことだから」という忖度《そんたく》が働き、それが正しいかとか賛成できるかということに関係なくみんなが動き出してしまうような状況だと、歯止めが利かない。

そうではなく、誰が言ったこともひとつの意見として受け止められ、共感を多く集めた意見が残っていくのが健全なあり方だろう。

管理のない組織の中で新しい取り組みを始めようと思ったら

僕らがどのように動いているのか、もう少し具体的に示してみよう。

まず、会社の中で何か新しいことが始まる時は、「こんなことやろうよ」という言い出しっぺがいることもあるし、みんなの中で「やった方がいいよね」という空気がなんとなく生まれてきて、誰かが「じゃあ、やるわ」と言うときもある。

例を挙げると、第3章で取り上げた「サバイバルジャーニーガイド」。これは、会社がホラクラシーの実践企業として注目され始めた頃、僕らのやり方を説明するまとまった資料がなかったことから「作ろう」ということになった。

これは特に、社外の人に対して毎回同じことを説明するのが大変！　という思いを持っていた採用や広報に関わるメンバーが中心になって動いた。

サバイバルジャーニーガイドみたいなものが「あったらいいかもね」という意見は、それ以前からあった。

僕らの中で、そういうフワッとしたアイデアは、本当に必要性を感じている人や自らやりたいという人が出てくるまでは、ほったらかしにされる。ほったらかし状態が続いて自然消滅することもあるし、強いニーズを持った人が現れれば、それが具体化する。

もっと小さな話だと、前にいたアルバイトが「お客さんが来たときに、みんなで『いらっしゃいませ』と言った方がよくないですか？」と言ってきた。

「確かに」ということで、それ以来みんながお客さんに挨拶をするようになり、そのアルバイトが辞めた今も、その習慣は残っている。

ニーズを感じた誰かが具体化し、それを見た他のメンバーが「確かに、それがあるといいね」と認めたものは、その後も定着するのだ。

新規事業は「社外の協力者→社内の協力者」の順番でチームを作る

「これをやりたい！」という意思や強いニーズを持つメンバーが自分たちの手を動かせばできることは、どんどんやればいい。

では、もう少し多くの協力が必要な新規事業の立ち上げなんかはどうしているのかというと、言い出しっぺが社外のメンバーの力を借りて始めるケースが多い。

例えば2018年1月に開始した「Tonashiba」というサービスは、最初はダイヤモンドメディアのメンバーは僕だけで、社外の3人の知人と一緒に立ち上げた。

「Tonashiba」は加盟企業間で人材をシェアできるサービスだ。

サービス名の由来は「隣の芝生は青い」。

「まだ見ぬトナリのシバフ＝他の会社」を体験してみようということで、加盟企業の社員が他の会社の研修や業務を体験することで知見を広げたり、体験してみた結果そちらの企業の方が活躍できそうだと分かればそこに転職するという選択肢も提供している。

ダイヤモンドメディアでは、過去にもエンジニアが1ヶ月間、他の企業で勉強させてもらったり、社内で能力を発揮できる場所が見つかりにくくなったメンバーが他社に出向して1年間働いた結果、その企業に転職が決まったり……という経験がいくつかあった。

その時々で相手の会社にお願いして受け入れてもらっていたので、常にお互いの社員が行ったり来たりできるような会社のネットワークがあればいいな、とは以前から思っていた。

でも、僕らは不動産業界に特化したＩＴ企業としてやってきていたので、人材系のサービスに踏み込むつもりはなかった。

それがなぜ、急にこんなことを始めたかというと、管理しない経営に近い考え方をしている他社の人たちと集まって情報交換をしているときに「こんなネットワークがあったらいいよね」という話をしたら、ものすごく共感を得たことが発端だ。「うちでもそういうこと、やりたい！」、「そのネットワーク、どうやったら入れますか？」という感じであまりにも盛り上がったので、本気で事業化を考えてみることになったのだ。

賛同してくれていた人たちの中でも人材サービスや組織開発の分野に強い人たちに声をかけ、最初の1～2ヶ月は無償で手伝ってもらった。

そして、収益の上がる事業にできそうだという見込みが立ったところでちょっとずつ予算をつけ、彼らとは業務委託契約を結んでサービスの正式リリースにこぎつけ、今も一緒に運営している。

その間に社内でも協力者を募り、第3章のインタビューに登場した石田さんは「Tonashiba」の初期ウェブサイトの構築、運用などをやってくれている。

「Tonashiba」に限らず、僕らが新しいサービスを立ち上げる時はいつも社内のメンバーだけでなく、外部の業務委託の人が重要な役割を果たしている。

例えば不動産業界向けのウェブサイト制作パッケージの「ダイヤモンドテール」も、コアな部分を作ったエンジニアは当時はフリーランスだった。

「スマート賃料査定」や「OwnerBox」というサービスもそうだ。

まずはサービスを立ち上げてみて、事業としてうまくいきそうであれば、その中心メンバーが正社員になるケースも多い。

これは、会社と個人のリスクを低くするという意味でも、理にかなっているのではないだろうか。

情熱が続かなかったり、必要性が感じられなくなった取り組みはやめる

10年以上会社を続けてきた中で、やめたこともたくさんある。ここでは、「やめる」ということがどうやって実現するのかを、話してみたい。

まず、自然にフェードアウトするということはよくある。ここまでに説明したとおり、誰かが「やろう!」と言って始めたことも、他のメンバーにはあまり必要性が感じられないことは協力者が増えない。

そうすると始めた本人の情熱も続きづらい。やる人がいなくなって、自然にやめている、というパターンだ。

一方、あまり共感されなくても、情熱を持って続ける人がいればほそぼそと続いていくこともある。

僕もかつては、「みんなの成長を支援したい！」という思いで、成果が出なくてもいろいろがんばっていた時期がある。

個人の目標設定を上手くできるように外部講師を呼んで研修をしたり、僕がメンバー全員と1対1で深く話し合うということをしたり……。何年も試行錯誤した末、会社ができることは環境の整備だけであって人間を変えるなんていうことはできない、と気づいた。そう気づいたときに、やめることにした。

こういう風に、いろいろなことをやってみたから「これは必要がない」と気づくということもあるし、状況が変わり、以前は意味があったことがそうでもなくなってくるということもある。

例えば、みんなが会社のことを自律的に考えることができるように、財務諸表の読み方について勉強会をしたこともある。

興味を持たない人や寝てしまう人もいてうまくいったとは言い難いのだが、当時はまだメンバーが十数名で、みんなで同じ目線で議論できたらいいんじゃないかと感じていたのだ。

それに、「今週末勉強会しない？」くらいの軽いノリで人が集まれる規模でもあった。

それが、20名を超えてリモートワークの人も増えてくると同じようにはできないし、仕事をする上で必要な知識やスキルもそれぞれに異なってきた。

そうなると、画一的な研修をする意味が感じられなくなってきた。だから今では、メンバー全員を集めて勉強会、みたいなことはやっていない。

事業を撤退する際の合意の取り方

もう少し大きな話だと、「Centrl《セントラル》」というサービスについてはサービスごとやめた。

これは、僕らが「ダイヤモンドテール」を運営していく中で知った、不動産業界の課題を解決しようと作ったサービスだった。

業界の課題というのは、不動産の流通情報の不透明さだ。

通常、不動産のオーナーは管理会社に物件の管理を委託し、管理会社は仲介会社に賃貸や購入希望者の募集を委託する。

オーナーからすると、自分の物件がどのような不動産屋に取り扱われていて、どのくらい問い合わせがあって、どのように成約したのかといったことを知りたいわけだが、成約に至るまでの情報が見えない。

知りたければ管理会社に問い合わせるしかないが、管理会社も情報収集や集計がむずかしく、不正確な情報しか得られない、というのが常なのだ。

オーナーは「管理会社は何をやっているのかわからない。それなのに、入居者をつけるために『家賃を下げろ』とばかり言ってくる」といった不信感を持つようになってしまう。

僕らはこの問題を解決するために、不動産の情報がどの仲介会社の媒体に露出し、それがどのくらい見られ、どのように成約したかを可視化するシステムを作ろうと考えた。

ウェブ広告の世界だと、Googleアナリティクスなどのツールで広告の出稿状況やそれがどの程度クリックされているかといったことをリアルタイムを把握し、分析できるのが当たり前だ。

そういうことを不動産流通に関してもできるようにしようと手始めに作ったのが、管理会社が管理している物件情報を登録し、仲介会社と物件の情報を共有する「Centrl」だ。

「Centrl」は開発に2年かけ、その後2年ほど、まずは無料で利用者と登録情報を増やすべくがんばった。しかし、これがうまくいかなかった。

というのも、管理会社と仲介会社が物件情報を共有して検索できるようにするシステム自体は、以前から存在した。それが古くて使いづらいので、僕らがもっと高機能で使いやすいものを作れば乗り換えを促せるだろうと考えたのだが、多少不便でも使い慣れていて、かつ業界のみんなが使っているものをやめてまで「Centrl」を使ってもらうというのは、容易ではなかったのだ。

登録者数は3000社くらいまでいったのだが軌道に乗らず、「Centrl」のサービスは閉じた。

ただし、テクノロジーを通じて不動産業界をもっと良くしたいという僕らの思いは変わらない。

戦略を変え、2016年には管理会社向けに特化した「Centrl LMS」をリリースし、さらにこのサービスは2018年には「スマート賃料査定」というサービスに生まれ変わった。このサービスは、管理会社が担当する物件や競合物件の賃料査定やレポート作成機能を含んだ業務支援システムだ。

うまくいかないビジネスをやめるということはどこの会社でもあることだが、管理しない経営ならではの特徴があるとしたら、事前に「撤退ライン」を厳密に決めてこなかったということだろう。

今後変わっていくかもしれないが、これまでは「○年で黒字にならなかったらやめる」といったルールはなく、「まだやりたい」という強い意思を持った人がいれば続け、「やめた方がいいだろう」という合意ができればやめてきた。

合意といっても、みんなで会議をして「やめましょう」と決めることは少ない。

僕らの中では意思決定という概念が希薄だという話をしたけれど、何かをやめるときも同じなのだ。なんとなく上手くいっていなかったり、形骸化していると感じられるようになってくると、誰かが「もう、これ要らないんじゃない」ということを言い出す。

「じゃあ、やめてみるか」ということで、みんなに伝え、特に異論が出なければやめる、という感じだ。

もし「続けたい」という人がいれば、どうするか話し合うこともある。やめるにしても、「必要なさそうだから一回やめてみよう。それで問題が出るようだったら戻せばいいじゃん」と言って、その決定を大ごとにしないように、ということは意識している。

ちなみに、撤退のためのルールがあるのが良い組織もあるだろう。

サイバーエージェントなどはすごくうまくいっている例だと思うが、「基準に達しなかったらやめる」というルールがあることで精査するタイミングを設けているだけで、芽がある事業は基準を無視して続けている。

ルールが新規事業をやめさせるための仕組みではなく、「ダメだったらやめればいいじゃん」という前提のもとでどんどんやらせるために機能しているわけだ。

数千人規模の会社で新規事業をたくさん生み出すにはすごく良い制度だが、ダイヤモンドメディアくらいの規模であれば、まだそこまでカチッとした制度がなくても大丈夫だと感じている。

「納会を社外に公開」を半年でやめた

ダイヤモンドメディアでは毎月第2水曜日に全員参加の「納会」と称し、お酒や料理も交えて各事業の情報共有やMVPの表彰、雑談などをしている。

この納会は2016年11月から社外の人にも公開していたのだが、半年後には社外に公開することをやめた。

社外に公開していた時は毎回事前にSNS等で告知し、参加申し込みを受け付けると、なぜか30名あまりの人たちが集まってくれ、非常に盛り上がっていた。

社外の人がいても、事業数値や課題などを含めて徹底的に情報公開するのは同じ。そうすると、みんなが一緒になってダイヤモンドメディアのことを考えてくれるし、その後も応援してくれる。

楽しかったし、ダイヤモンドメディアにとって有益な人的ネットワークも広がった。とても可能性を感じる試みだった。

それなのに、なぜやめることになったのか。

ひとつには、社内外合わせて60名にもなる会の準備にそれなりの負担感があったことがある。そしてそれ以上に、納会で本来やりたかったことができなくなっているんじゃないか、という疑問が出てきたからだ。

「誰でも参加ＯＫ」とすると、ダイヤモンドメディアに興味はあるけれど、僕らがやっている事業のことはあまり知らない、という人もやってくる。

そういう人でも参加できるようにしようとすると、毎回会社説明から始まり、どうしても話し合いが表面的なものになってしまう。

「もっと深くて濃い話もしたいよね。……あれ、納会ってそもそもそういう場だよね？」

──きっと、そんな風に感じていたメンバーが多かったのだろう。

ブレストをしているときに「納会の公開、やめた方がいいんじゃない」という意見が出てきて、「じゃあ、やめてみよう」と決まるまでは早かった。

多くのヒエラルキー型の組織では、新しいことを始めるのと同じくらい、続いていることをやめるのが難しいという話を聞く。

ある事業やシステム、制度をやめるとなると、かつてそれを作り上げた上司の顔を潰すことになるとか、責任者や担当者の失敗を認めることになるとか、そんな理由で「やめましょう」と言い出しづらいのだという。

僕らの場合、始める時もみんなで相談して決めているし、組織図や役職がないというぐだりで説明した通り責任はみんなに分散しているので、何かの失敗を認めることが特定の誰かを責めることにはならない。

だから、「これ、うまくいってないよね」「やめた方がいいんじゃない」といった意見が言いやすいのだ。

納会の社外公開に関して言えば、公開をすることで得られる価値を感じているメンバーもいただろう。

それは僕も同じで、社外の人も一緒に会社のことを考えてくれるという経験ができたのは、すごくよかった。

でも、今後もそれが必要だと思えば、納会とは別でそういう仕組みを作れば良いわけで、ちょっとでも「良くないな」「おかしいな」と思っていることがあれば誰もがそれを表明できて、どんどん変えていけるということが、とても重要だと思う。

「最終的な権力は株主にある」への疑問

管理しない経営を実現していく上で、ずっとモヤモヤし続けてきたことがある。

それは、株式会社である以上、最終的な権力を持っているのは株主だということだ。

社内ではメンバーみんなが自律的に動き、権力や責任を特定の個人に集中させない組織形態が実現しているのに、株主の意向で社員たちの意思を無視した決定も可能になってしまうのだ。


給料や役員についてと同じく株についても、ダイヤモンドメディアを立ち上げた当初はそんなに深く考えることなく、創業メンバーが均等に持っていた。

しかしいろいろな出来事を経験し、「株ってなんなんだろう」「株をどう配分するのが一番いいんだろう」ということを考えるようになった。


ひとつのきっかけは、新規事業への投資のために外部調達を考えたことだ。

第三者割当増資で資金調達するとなると株価が時価で評価されるようになり、僕らが買い取って持ち株比率をコントロールするということが簡単にはできなくなる。

そこで、簿価でやり取りできる間に一旦は僕が80％の株を持ち、創業メンバーと他の役員が5％ずつ持つという形をとった。

会社にとって一番良い形はどういうものなのか、2年くらいかけて散々話し合って決めたことだ。


外部から資金調達しても議決権を奪われないように代表者ひとりに株を寄せることは、ベンチャーなどがよくやることだ。

だが、僕らはこれが最終的な解決方法だとは思えなかった。

社員それぞれの自律的な行動の相互作用で進む方向が決まるダイヤモンドメディアでは、株主の「議決権」という考え方がそもそもしっくりこないのだ。

僕自身は、自分が筆頭株主だからといって議決権を行使して好きなようにしようとは考えていなかったけれど、いつか暴走しないとは限らない（笑）。

僕の気持ちだとか今の体制に依存してバランスを保っている状態というのはサステイナブルではない。

結局外部からの資金調達はしなかったので、社員全員が株を持てばみんなで議決権を持つということにはなる。

実際、家族主義的な経営をする会社ではそういうことをやっているところもあるが、社員には辞める自由もあると考えている僕らの場合、誰かが入社したり退社したりするたびに株を動かすのは現実的でない。

それに、社員に株をもたせる会社の多くは、株式市場での株価よりも低い価格で渡していることがほとんどだ。

それは社員にとって得になっても、経営者や他の株主には損をさせることになる。ステークホルダーみんなにとって良いやり方とは言えないのだ。

個人株主の議決権を無効化する仕組みを作る

明治時代までさかのぼると、株式会社という仕組みが生まれたときに画期的だったのは、所有と経営を分離したところだ。

株主が経営方針や事業方針を決めて経営者に委託し、経営者はその方針に従って労働者への指示と監督をし、労働者が実行するという役割分担だ。

しかし、最近の会社経営の現場ではこのモデルが全く機能していない。株主総会というのは本来は株主同士が話し合っていろいろな決めごとをする場だが、今は経営者が決めたことを発表してそれを承認する場にしかなっていないのが実情だろう。特に少数株主は意見を言う場すらないから、経営に関与したくても事実上はできないまま株を買っている。

ダイヤモンドメディアの場合はどうかというと、社員は株を持っているかどうかに関わりなく、会社で働くことで結果としてみんなで会社を動かしている。

また、納会を公開したときに社外の人がたくさん集まってくれたが、そういう人たちはお金や労働ではなくアイデアを出したり人を紹介してくれたりして、僕らのことを応援してくれている。

世間の株式会社の現状と、僕らの経営のあり方を合わせて考えみて、株の所有と議決権を切り離してしまえばいいのではないか、と思いついた。

社員として働く、アイデアや人的ネットワークを提供する、お金を出す——いろいろな形で会社に関わりたいと思ってくれるみんなにとってフェアなスキームができそうな気がしたのだ。

そこでダイヤモンドメディアのビジネス法務顧問をお願いしている齊藤源久《さいとうもとひさ》さんと公認会計士の鴇田英之《ときたひでゆき》さんに相談し、２０１７年10月に「ダイヤモンドメディア経営管理組合」という独自の組織を発足した。

この経営管理組合には、役員と全てのメンバー（正社員の他、業務委託やアルバイトのメンバーも含む）が組合員として参加し、常に67％以上の株式を保有させることで議決権の3分の2以上を保持するようにする。

こうすることで、特定の個人が議決権によって権力を行使することを不可能にしたのだ。今のところ、経営管理組合が70％、僕が12％、役員の岡村が６％、ふたりの創業メンバーが６％ずつ株を保有している。

筆頭株主である経営管理組合としての意思決定は、これまでのダイヤモンドメディアのやり方となんら変わらない。

ここまで説明してきたように、上下関係のないフラットな組織構造、情報の透明性、日常的なコミュニケーションによるプロセスの共有を通じ、各自が自由に動いたり判断したりすることで、全体の動きが決まっていく。

ただ、今回は齊藤さんのアドバイスにより「どんなに話し合っても決めることができず、どうしようもなくなったときは多数決で決める」ということを規約に入れてある。

前に述べた通り、僕はほとんどの場合において多数決を使うべきではないと考えているが、これは対外的な信用を保つための規約と言って良い。

後から振り返って、鴇田さんは「最初は武井さんが何を言っているのかわからなかった」、齊藤さんは「一番株を持っている武井さんが『自分の権力を無効化してくれ』と言い出したのが面白かった」と言うくらい、ふたりとも最初は僕の相談を常識はずれのものだと感じたようだ。

それでも専門家として知恵を絞り、「株式会社の良い点は残したまま『サステイナブルな仕組み』として権力が無効化した状態を構築したい」という僕のリクエストを見事に現実化してくれた。

以前は僕が議決権という権力を持ちながらそれを行使しないという形で「みんなで経営する」ということを実現していた。

それが経営管理組合ができたことで、実質的に誰も議決権という権力を持つことができなくなった。

その上で、将来的に増資をしたり上場したりする可能性も残してある（その場合も、種類株を活用することで常に経営管理組合が67％以上の株を保有するように調整する）。


上場の可能性は残してあるが、今すぐ上場するということは考えていない。

それは、今の株式市場のルールが僕らの考え方とはあまりにも異なるからだ。

納会に参加してくれた社外の人たちがアイデアや人脈の提供という形で僕らを応援してくれたように、株主には議決権を行使するという形ではなく、僕らの経営のプロセスにどんどん口を出したり応援したりすることで関与してほしい。

そのためには、今のＩＲのように一定期間の結果を報告するだけでなく、株主のお金が健全に運用されているのかどうか、リアルタイムで情報共有する仕組みが必要だ。


社外の第三者に対する情報の透明性を担保する仕組みができれば、株主の範囲をもっと広げてもいいんじゃないかと思う。

「ＡＫＢ48」が何故あんなに人気があるのかというと、ＣＤを買ったり投票したりして彼女らが育っていくことに関与できるからだと思う。「あいつを育てたのはオレだ」みたいなコアなファンが離れないのだ。

会社にも、「あの会社が小さい頃から目をかけてたんだよね。オレがお客さんいっぱい紹介してきたからね」と嬉しそうに語る株主がいたら、すごくいいと思う。

5章

多様性

人も組織も自然に任せる

経営理念が会社を縛っていないか？

前章では、売上・利益の予測は立てても予算や目標は立てない、という僕らのやり方を紹介した。

事業やサービスもその時々の流れで新しく生まれたりやめたりするので、事業計画というものもない。

事業計画がない、というだけでも相当変わった会社だと思われるだろうが、「明文化した経営理念がない」と言うともっと驚かれることが多い。

似たような意味合いで使われることの多いミッション、ビジョン、バリュー、あるいはクレドといったものも特に決めていない。

ヒエラルキー型の会社では、創業者の思いが詰まった企業理念が掲げてあるところが多い。僕も創業者なので、会社に関わるみんなの幸せを実現したいとか、自然に則った経営をしたいという思いがある。

でも、それを理念として掲げたら、僕のエゴをみんなに押し付けることになってしまう。

僕は自分なりに会社のことを考えて行動し、メンバー一人ひとりもそれぞれの考えで行動する。

その結果、会社が自然にあるべき方向に進んでいくことが、重要だと思うのだ。

最近では、経営理念を刷新するプロジェクトを立ち上げ、社員の意見を反映した新しい理念を作る会社も出てきている。

でも、ある時点でみんなが賛成した理念であっても、時代や環境が変われば、行動や判断の基準として適切でなくなる可能性がある。

そういうものは常に見直し続けないと、結局は逆効果になってしまうのだ。だから僕らは、あえて明文化しないようにしている。


よくインタビューなんかで「武井さんはどういう会社を目指してきましたか?」というようなことを聞かれるのだけれど、僕個人の思いがそのまま実現して今のダイヤモンドメディアのあり方になっているわけではない。

僕の想定通りになることなんて多分3割くらい。

計画を立てて進めるのではなく自然に委ねる、具体的には会社に関わるみんなで考え、みんなで実行した結果として、今があるのだということは強調しておきたい。

「会社を辞めやすい仕組み」を整える

一般的には離職率が低い会社の方が「良い会社」だと言われている。だが、僕らは辞めていく人がいること自体は、悪いことだと思っていない。

第3章で触れた通り、以前は行き当たりばったりだった人材採用も最近は仕組みができて効率的にできるようになってきた。とは言え、入社した人が本当に力を発揮できるかどうかは、実際に仕事をしてみないと分からない部分が多い。

既存のメンバーでも、本人と会社それぞれの状況の変化によって合わなくなることもある。

それは仕方がないことなので、僕はいかに良い人を採るかとか、いかに定着してもらうかを追求するよりも、合わない人が辞めやすい仕組みを整えることの方が重要だと思っている。

1年ほど前、ダイヤモンドメディアでは「転職支援金」の制度を作った。入社後3ヶ月以内に辞める場合は、1ヶ月分の給料を支援金として支払うというものだ。

これは、アメリカの靴の通販会社でホラクラシーの導入企業としても有名なZapposや、僕が尊敬する柳澤大輔《やなさわだいすけ》さんが経営するカヤックの、同様の仕組みにヒントを得たものだ。

Zapposでは、入社3ヶ月までの間の研修や面談を通して、同社の企業文化がその人に合うかどうかを何度も考えさせ、「合わないなら、退職金を出すのでやめてほしい」と伝えるそうだ。

僕らの場合は入社3ヶ月のタイミングで、そこまでの振り返りと給料の見直しをすることにしている。

それを機に（あるいはそれまでに）本人が「この会社には合っていない」と判断したときは、1ヶ月分の支援金をもらってやめることができる。

この制度を始めてから実際に転職支援金をもらって辞めた人もいる。最近入社したメンバーに聞いてみると、この制度があることが「続けていくかどうか」を考えるきっかけにはなっているようだ。

「今やめれば給料1ヶ月分のお金がもらえる」ということと、「これからもこの会社でやっていけるかな」ということを考えて「続けよう」と決めたというのだから、良い意味で覚悟を決める機会にもなっているのかもしれない。

僕らとしては、入社してくれた人がダイヤモンドメディアで活躍してくれるのがもちろん一番嬉しい。

でもそれが難しいなら、早く他の場所を見つけた方が本人にとっても社会にとっても良いと思うのだ。

だが、一度「正社員」として就職すると、生活もあるし、「せっかく転職したのにすぐ辞めるなんて」という罪悪感も感じたりして、なかなか辞める決断をするのは難しい。

それでズルズルと無理ながんばりを続けるよりは、転職支援金があることが、次に進んでもらうための後押しになれば、と考えている。

前章で触れた「Tonashiba」も、会社の状況と個人のスキルや考え方が合わなくなってきたメンバーは無理して会社にい続けるよりも合う会社に転職した方がみんなが幸せになれる、という考え方から生まれている。

会社と個人のミスマッチはどうしても起こりうるもので、個人の責任ではない。だから、合う会社を見つけて移っていくということが「Tonashiba」を通じて少しでもやりやすくなると良いと思う。

新しいメンバーの給料の決め方

僕らは半年に一度、みんなで話し合って個人の実力に応じた給料の額を決めるが、新しく入ってくる人はまだ実力が分からないので、いったんは前職での給料額も参考にしつつ、その人に対する期待値をもとに社内の相場に合わせた金額を決める。

その後、だいたい入社3ヶ月の頃に「入社3ヶ月給与会議」を開いて給料の額を見直すことにしている。

3ヶ月一緒に働いたことで見えてきたその人の実力を、周りのメンバーがフィードバックするのだ。

具体的には、社内の全員に「入社3ヶ月給与会議」の開催を告知し、任意で以下のようなアンケートに回答してもらう。

〈○○さん 入社直後給与見直しアンケート〉

・3ヶ月でよかった点

・こうしたらもっと良くなるアドバイス
・〇〇の現在の実力給を千円単位で入力（現在の実力給の金額も提示）
・上記の実力給の理由

アンケートの回答を集めた上で、本人と本人が指名した2名、その他の任意参加のメンバーで会議をする。だいたい7～8人は参加することが多い。

会議では、アンケートの内容とその場での追加の意見の確認、2名のフィードバック担当者から改善点などのフィードバック、それに対する本人の意見や感想の表明という時間をとった後、みんなで話し合って給料の額を決定する。

なお、アンケートに書かれた給料の金額は、そこに書かれた意見（金額の根拠）とセットで確認し、話し合いの参考にする。

アンケートは匿名で行うが、対象者と同じチームなのかどうかが分かるようにしている。それによって、同じチーム内の人からはこう見えていて、少し離れた立場の人からはこう見えている、というようなことが分かる。本人にとっては、3ヶ月の自分の状態を客観視し、その後の行動を考える材料になるだろう。

「給料30万円の壁」を作り、個人の自律を促す

前章で、一時期は社員みんなが成長できる組織を目指して個人の目標管理をしていたが、やっているうちにその無意味さに気づいてやめたことを話した。

成長したい人もいればそうでない人もいる。会社がいくら働きかけても成長したいと思っていない人を成長させることはできないからだ。

それ以来ダイヤモンドメディアでは、成長して会社に貢献すればその分給料が上がるし、今のままでいいという人はそのままでいることも認めるという形で、公平性と多様性を保ってきた。

だが数年前からは、半人前と一人前を分ける目安として「30万円の壁」という考え方を取り入れた。

正社員であれば、基本給と実力給の合計が月額30万円を超えるところまではいってほしいと考えている。

あくまでも目安だが、給料が30万円を超えている人は一人前の仕事ができているという

ことが社内の傾向として見えてきたからだ。

もちろん、新卒や未経験で入ってきたときは半人前でも構わない。ただ、ずっと半人前の人をチームに抱え続けるのは、その人をサポートする周りの人に負担がかかる。

金銭的な面で言えば、30万未満の給料でも自分一人であれば養えるのでそのままでもいいという考え方もあるだろう。

でも、それは会社全体にとってはよくないことと考え、目指して欲しい目安として「30万円」と言うようになったのだ。

1 on 1でメンバー同士が相互にカウンセリングする

「個人の成長」を目的に力を入れていたことのひとつに、僕が一人ひとりのメンバーと毎月面談をする「タオ会」というものがあった。ひとり30分から1時間ほど腹を割って話し合い、必要なら僕がアドバイスするのだ。

6年くらいは続けたのだが、人数が増えて僕ひとりで対応するのに限界がきたこともあったし、個人の目標管理等と同様、これも成果が出なかったのでやめた。

今考えれば、僕ひとりがアドバイスしてなんとかしようというのは自己満足だったと思う。

ただ、タオ会の良い面としては、会議の場で出すようなことではないけれど聞いてほしい話とか、個人的にこんなことを聞いてみたいとか……そういったエモーショナルな欲求を満たす場にもなっていたという点だ。

2018年に、あるメンバーの呼びかけで試験的に「1《ワン》 on《オン》 1《ワン》」を始めたのだが、それはタオ会の良かった面を新しい形で復活させようという動きなのだと思う。

「1 on 1」とは、一般的には上司が部下の成長のために、定期的に時間をとって2人で対話をするというものだ。

ダイヤモンドメディアでは、話を聞いてもらったりアドバイスをもらったりしたい人が、自分で相手を指名してやっている。

今のところは試験運用中ということで、やりたい人だけがやっているが、自由な働き方であるがゆえに普段はあまり顔を合わせない人もいるし、いわゆる「飲みニケーション」

みたいなものも少ないから、あえてそういう機会を作るのは重要だ。

特に入社して3ヶ月とか半年の間は、自分をよく理解して相談に乗ってくれる存在をつくるためにも、「1 on 1」を必須にしてもいいんじゃないかと感じている。

「管理しない経営」を仕組み化する

ここまで、ダイヤモンドメディアの経営や会社と個人の関係について話してきた。

振り返ってみると、少しずつ人が増えてくるとともに、僕らが考える「良い会社」を保っていくために仕組みが必要になり、それを試行錯誤しながら整えてきたのが今までの10年だった。


最初は数名のビジネスが好きな若者の集まりだった。だからみんな放っておいても仕事をがんばるし、何かあれば毎回話し合って新しいことを決めていくのも苦にならない――そんな感じで、それほど「仕組み」というものについて考える必要がなかった。

だんだん会社が大きくなると、能力も考え方も意欲もバラバラな人たちの集まりになってきた。

その時、「みんなが同じ目線で会社のことを考えられるように」とか「みんなが成長できるように」ということを目指してあれこれやってみた。

この期間が結構長かったのだが、やがて周りが働きかけて個人のモチベーションを変えるのは無理だと気づく。

そこで、バラバラな状態を許容し、それでもみんなが会社の経営プロセスに関与できる仕組みを整えよう、という方向へと進んでいった。


メンバーの多様性を受け入れ、成長するかどうかも個人に任せるということは、スキルやマインドが会社の現状にフィットしない人がいても、その状態を受け入れるということだ。

ただ、そのままだと会社にとっても当人にとってもあまり良い結果にはつながらない。「30万円の壁」という考え方や入社3ヶ月後の給与会議は、個人と会社の不一致に気づきやすくする仕組みとしても機能している。

そして不一致に気づいたら、もっと合うところに行きやすくするのが「Tonashiba」や「転職支援金」だ。

これはダイヤモンドメディアの、というよりも個人的な目標だが、僕はダイヤモンドメディアでやっていることをサステイナブルで再現性のある仕組みにしたい。

今、僕の周りを見てもイケてる会社がすごく増えている。

ただ、それは経営者がすごく優秀でオープンマインドだからそうなっているというケースが多い。今の経営者がいなくなってもその会社がイケてる状態が続くかというと、難しそうだ。


僕はダイヤモンドメディアを、僕がいなくても良い状態で続いていく会社にしたいし、そうできると思っている。

というのも、ダイヤモンドメディアは社長が優秀だから今の状態があるというわけではない。

僕自身は自分の能力の限界を感じることはよくあるし、かなり我が強い。

だからこそ、自分一人で物事を決めるよりも、みんなで話し合いながら考え続けていく方が、自分にもみんなにも、会社や社会にとっても良いと思っている。

僕だけでなくそれぞれの社員についても、みんなが精神性を高めてエゴのない会社を作りましょう——みたいなことは難しいと思っている。

それよりは、エゴが入り込まないような仕組みや環境を整えることの方がシンプルで簡単だ。

だから、誰もが自分のためではなく会社にとって良いこととは何か？　を自然に考えられるような方法を追求してきた。

よく「性善説で組織を作れ」という話を聞くけれど、僕の考え方は性善説でも性悪説でもない。

人間は環境次第で善くも悪くもなるものだからだ。百円玉がその辺に落ちていたら交番届けずにポケット入れちゃうけれど、落ちている財布を見つけたら「落とした人は困るだろうな」と思って届ける——こういう行動は、その人の善悪というよりは環境が起こさせている面が大きいのではないだろうか。

だから、仕組みや環境を整えればみんなが会社のことを考えて動けるということをロジカルに整理して世の中に伝えることで、他の会社でも管理しない経営ができるようになるはずだ。

それが世の中に広がっていき、やがては資本市場のあり方まで変わっていくのが僕の理想だ。

6章

コミュニティ

社外にも広がっていく
「管理しない経営」

「管理しない経営」の行き着く先はコミュニティ

僕は最近、たくさんのコミュニティに参加している。

その中にはダイヤモンドメディアとの関わりが深いものもそうでもないものもあって、それぞれのコミュニティから感じる可能性や、学びはとても大きい。

コミュニティには、上司と部下みたいな上下関係がない。

「雇われているから」とか「仕事だから」という理由で参加し、与えられたタスクをただやる、という人もいない。

人によってコミュニティのためにかけられる時間も熱量もまちまちだったりする。

それでどうやって物事が進んでいくのかというと、互いにコミュニケーションを取りながら、それぞれが自発的に動いて物事が進んでいくのだ。

コミュニティはコミュニケーションなしには成立しない。

そういう意味で、指示や命令ではなくみんなで会話をすることで進んでいく僕らの会社とコミュニティはよく似ている。

これからは、もっと多くの会社がコミュニティっぽいものになっていくんじゃないかと思っている。

社員としてガッツリ貢献する人、業務委託で部分的に協力する人、会社のサービスを使ってくれるお客さん、アイデアや人脈や資金などを提供して応援してくれる人……などなど、様々な立場の人がコミュニティの構成員となり、みんなで会社を育てていく、そんなことが当たり前になるといい。そう思いながら、いろいろなコミュニティに参加してそのエッセンスを吸収している。

業界コミュニティを作ったら、お客さんとのつながりが広がり、深まった

ダイヤモンドメディアが2016年に立ち上げた「リーシングマネジメント研究会（通称LM研究会）」は、不動産の管理会社の人たちのコミュニティだ。

僕らのお客さんもそうじゃない人も混ざりあい、毎月1回テーマを決めてディスカッションをしている。

それまで業界の人たちが集まる場と言えば、セミナー形式で講師を招いて話を聞き、場合によっては懇親会がある、といったものしかなかった。

僕がやりたかったのはそういうものではなく、参加者がお互いにギブ・アンド・テイクをするコミュニティ。だから、みんなでディスカッションするという形を取るし、ディスカッションするグループごとに誰かが議事録を取るなど運営にも協力してもらう。

今はダイヤモンドメディアと何社か、いずれも管理会社向けのサービスを展開する会社が運営事務局をやっているが、近いうちに参加者の中からも運営側に回ってくれる人が出てくるといいな、と考えている。

これを始めたのは、会社の納会を社外の人に公開した経験があったからだ。

納会には毎回30人前後の人が遠方からも含めて集まってくれ、その場で仲良くなった人がお客さんを紹介してくれたり、ＳＮＳにダイヤモンドメディアのことを書いて応援してくれたりした。そんな動きがすごく面白くて、これを何かに転用できないかと思ったのだ。

ＬＭ研究会の目的は管理会社さん同士の横のつながりと情報共有だけど、もちろん僕らのビジネスにもメリットはある。

僕らは不動産業界向けのサービスを売るために、それまではテレアポなどのいわゆるプッシュ型の営業活動と、ウェブ上の情報などを元に問い合わせをもらうプル型の営業活動を並行してやっていた。

だが、僕らのサービスが中小の管理会社から大手企業をターゲットにするようになるにつれ、そういうやり方だと適切な相手にリーチするのが難しくなってきた。大きな会社では担当が細分化されているし内部のことは見えないので、どういう部署の誰に連絡を取ればいいのかが分からない。

僕らのサービスはあまり前例のない独自なものなので認知度も低く、お客さんの方から検索して探してもらえる可能性も低かった。

それに、たとえ何かのきっかけで興味を持ってもらえたとしても、ある程度時間をかけてしっかり説明をしないと正しい情報が伝わらない。

そこで、僕らの取り組みをまだ知らない人たちに知ってもらい、きちんと理解してもらうということをまとめてできるのが、コミュニティではないかと考えたのだ。

今、ＩＴ系の会社ではコミュニティ・マーケティングといって、自社のサービスやプロダクトのユーザー同士がノウハウを共有したりサポートし合ったりするコミュニティを作るところが増えている。

それによってユーザーとの継続的な関係を保ったり、ユーザーの声を聞いてサービスの改善に役立てたりしようとしているのだ。例えばクラウド型の業務システムを提供しているセールスフォースやサイボウズなどは、ユーザーのコミュニティ化がうまくいっている例だ。

そういう事例に学び、僕らは既存顧客との関係づくりだけでなく、まだ事例の少ない新規顧客の開拓も含めてコミュニティ・マーケティングをやってみることにした。

毎月の集まりは、すでにお客さんになってくれている会社の人もそうでない会社の人も自由に参加できるようにし、「不動産業界がもっと良くなるには」、「管理業務をもっと効率的にするには」といったテーマでみんなで議論する。

そういうことを続けていると、2年間で累計500人ほどが参加してくれ、これまで出会えなかったような、大企業のITに関心の高い人や経営層、管理職の人とも接点を作ることができた。

LM研究会の場では僕らのサービスの説明をするわけではないけれど、既存のお客さんがコミュニティで出会った他の人に使い勝手を説明してくれたりすることもあって、結果的には興味を持ってくれる会社がとても増えている。

既存のお客さんとも、単に企業とそのユーザーという関係だとそのサービスが使われなくなったら関係が切れてしまうが、コミュニティがあればつながりを保っていられる。

これまで会社の中では社員同士の関係性が生まれやすく続きやすい仕組みを考えてきたが、それはお客さんとの関係においても大事なことだと思うようになった。

コミュニティ作りのお手本は「カマコン」

うまくいくコミュニティのあり方や可能性について、僕が大いに参考にしているのが「カマコン」だ。これはカヤックのCEOである柳澤大輔さんが立ち上げた、鎌倉に関わる人達を応援する地域コミュニティ。

もともとは鎌倉に拠点のあるIT系企業が集まって始めたもので、シリコンバレーをもじった「カマコンバレー」が名称の由来だ。

鎌倉をより良くしたい気持ちのある人は誰でも参加できるということで、僕は鎌倉に会社があるわけでも住んでいるわけでもないが、一時期は毎月のように通っていた。

良いコミュニティというのは、直接的な利害関係がなくてもなぜかみんなが集まってきて、その中で勝手に仲良くなって、結果として新しい仕事が生まれたりするものだ。

カマコンもまさにそうで、毎月の定例会には非会員のゲストも含めて150人くらいの人が集まり、もう5年も活動が継続している。

メンバーは子供からおじいちゃんまでいろんな世代の人がいて、職業も起業家、会社員、商店街のお店、学校の先生、役所の人、政治家など様々な人が混ざり合っている。

僕は以前、東京で行われるビジネス交流会に頻繁に参加していた。

そういう場にはみんなが仕事につながる出会いを期待して来ているので、名刺交換をして「何をされてるんですか？　僕はこんなことやってます」なんていう話をしながら、「この人お客さんになりそうかな」とか「この人はお客さんを紹介してくれるかな」ということを考えながら関係性を作るのが普通だった。

でも、カマコンはそういうものとは全く違う。

ビジネスという枠を越えて、そこにいる人の魅力や場の熱気にひかれて集まった人たちが、人間同士の繋がりを作っているという感覚がある。

柳澤さんは昔から、「何をするかより誰とするかが大事だ」と言っている。僕はカマコンで、そのことをものすごく実感した。

特に仕事につながりそうになくても楽しい人に出会えればシンプルに嬉しいと思えたり、楽しいだけではなくものすごい学びをもたらしてくれる人がいたり――そういう実体験がたくさんできるのがカマコンなのだ。

僕がカマコンに行くようになった最初の動機は、柳澤さんが何をやっているのかを純粋に知りたい、というものだった。見ていると、やはり良いコミュニティづくりにはコツがあった。

例えばそれは、定期的に場を持つこと。毎月何週目の何曜日というふうに固定化すると、人が集まりやすくなる。

それから、みんなが集まりやすい物理的な場があることも重要だ。

そして、形式張らない雰囲気の中で全員が発言すること。それを促すためにお酒を出したり盛り上げたりという場のデザインも欠かせない。

こういったことを通じ、所属組織や肩書などの枠を超えた人間関係をいかにつくりやすくするかが肝になる。

僕はこれを、会社の納会やＬＭ研究会、後で出てくる自然経営研究会などの運営に大いに活かしている。

コミュニティの実践から考える会社のあり方

カマコンの活動は鎌倉にとどまらず、他地域のコミュニティも生み出している。ゲストで参加した人たちなどが「自分たちの地域でもやりたい」と、カマコンのフォーマットを借りて地元のコミュニティを作っているのだ。

僕はそのひとつである「せたコン」という東京・世田谷のコミュニティを立ち上げた。その他にも鳥取や福岡など全国に飛び火している。カマコンと他の地域のコミュニティと両方に参加している人もいて、そういう人がコミュニティのハブ機能を果たしているのも、面白い。

カマコンが全国に広がっていく様子を見ていると、会社も事業の規模が拡大するときは、必ずしも同じ組織であることにこだわらずに分化してもいいんじゃないかと思う。

昔は、会社をどんどん大きくして全部を自分たちで抱え込むのが効率的だとされていたけれど、ネットがある今、普段はゆるくつながって必要に応じて助け合うということがしやすくなっている。

例えば地域ごとに別の会社として自律分散的に活動しつつ、普段から情報交換や人の行き来があって、何か一緒にやった方がよいことがあれば協力し合う――そんなことができたらいいんじゃないだろうか。

カマコン以外にも面白いコミュニティはたくさんある。

例えば熊本県のサイハテ村は、２０１１年の東日本大震災を機に移住した人たちによるコミュニティだ。

彼らは「エコビレッジ」と呼ばれる、持続可能性を目的とした新しい暮らし方を実践している。

そういう生き方のさきがけとしては、日本でも１９６０年代にムーブメントが起きたヒッピー文化があるが、エコビレッジを実践する人たちはネオヒッピーとかソーシャルヒッピーと呼ばれていて、かつてのヒッピーよりも進化した経済活動を行っている。

食べるものは基本的に自給自足で、家も自分たちで建てる。でも、現代社会を一切否定したり外の世界との交流を絶っていたりするわけではない。

村にはWi-Fiがバンバンとんでいて、音楽や映像のクリエイターやミュージシャンもいれば、ベンチャー企業とコラボレーションしてお金を稼ぐ事業を生み出す人もいる。2拠点、3拠点生活をしているような人も多い。

彼らと知り合ったきっかけは、サイハテ村のコミュニティマネージャーである坂井勇貴氏がフェイスブックで連絡をくれたことだ。

彼らもダイヤモンドメディアと同じように、村を運営するのにあたってヒエラルキー型の組織は作らず、管理しない経営のような形でやってきたのだが、その中で問題が出てきたという。

村で育てて収穫した米をどうやって分配するかで揉めたのだそうだ。

それでいろいろ調べているときに僕のブログが出てきて、ダイヤモンドメディアの給料の決め方について聞いてみようと思ったらしい。

僕らも、給料の決め方に関して完璧な答があるわけじゃない。

でも、現実問題として決めないと進まないから、ある程度のベースラインやガイドラインを作り、最後はやっぱり話し合う、という形に落ち着いている。そのベースとして、公平さを保つために情報を完全にオープンにするということが欠かせない。

そんな話をしたら、彼らはとても参考になると喜んでくれた。こんな経験から、会社もコミュニティも本質的には同じなんだな、と感じた。

「管理しない経営」の実践の場〜自然経営研究会〜

管理しない経営を追求するコミュニティ型の組織として、今後とても面白いことになりそうなのが「自然経営研究会」だ(「自然」は「しぜん」ではなく「じねん」と読む)。

最初はダイヤモンドメディアの取り組みとして始まり、2018年9月に一般社団法人になった。


きっかけは、第4章・第5章で触れた「Tonashiba」を始めたことだった。

このサービスのコンセプトは加盟企業間での人材シェアリング。自社の人材が他の会社での業務を経験して自分の会社で活かせることを学んだり、行った先の会社の方が合いそうだったら転職できるようにしよう、という仕組みだ。

このアイデアに「いいね」「面白いね」と言ってくれる人は多いのだが、実際に始めてみると、人材を交換できるほどの関係性を作れる会社は限られている。もっとネットワークを広げるには、「管理しない経営」の実践者を増やすための取り組みとネットワークが必要ではないか、という話になったのだ。

そこでまずはこういう取り組みに対して感度の高い人の集まる場を作ろうということで生まれたのが自然経営研究会だ。

２０１７年冬にいろんな人に呼びかけたらとても反響があって、みんなで話し合いながらやり方を考え、２０１８年1月から毎月定例会を開いている。

「自然経営研究会」というネーミングは、準備の段階から手を挙げてくれた人たちとチャットで話し合って決めた。

新しい組織のあり方を語るにあたって、自律した組織、ホラクラシー経営、ティール組織など「自然の摂理」に任せ、管理を行わない経営を総称するものとして新しい言葉を考えたのだ。

ちなみに、もうひとつの有力な案は「裸《はだか》経営」だった。僕らが、組織のあり方として「自然であること」を重視していることが伝わるだろうか……。

今のところ、自然経営研究会は「町内会費」と呼ぶ会費と、毎月の月例会ごとの参加費で運営している。

ただこの会費制もどうしていくか、今現在も議論材料として頻繁に話し合われている。

月例会の参加申し込みはのべ459人、Facebookグループの参加者は740名を超えた。Facebookグループに参加しているだけで、まだ月例会に来たことがないという人も結構いるだろう。そういうゆるい関わり方の人も含め、運営側と参加者をなるべく分けず、みんなで作り上げていこうというのが、自然経営研究会の考え方だ。

だから、月例会では参加者の中で誰か（一番遠方から来た人を指名することが多い）に乾杯の音頭をとってもらい、参加者同士のブレストやディスカッションの時間を必ず取るなど、初めて来た人でも積極的に参加してもらうようにしている。

集まってくれた人たちの中には、組織コンサルタントや組織開発の研究者など、組織について豊富な知見を持った人も多く、月例会やオンラインで有益な情報発信をしてくれる。それだけでなく、自然経営研究会での活動をそれぞれの仕事や研究に活かし、広めたいという熱い思いをもって参加してくれている。

また、やたらと熱量の高い人たちが自然に会の運営の中心になり、月例会の企画や準備を進めたり分科会活動を始めたりと、活動内容をバージョンアップしている。

まさに管理のない状態で自律的に動いていく組織ができつつあるのだ。


メンバーの中には、「自然経営の理念」を考え続けている人もいる。

僕自身は、非言語で物事をイメージするタイプの人間で会社の理念も作らないくらいだからあまり興味がないのだが、「考えていることを言語化したい」という人もいる。

ある時、そういう人たちが夜の公園に集まって「自然経営の理念 Ver.1.0」を作った。「1・0」とある通り、理念は固定的なものではなく進化するものという考えもこのときに共有された。

僕は「Wikipedia 方式」と呼んでいるのだが、「これはちょっと違う。こうした方がいい」と考える人がいれば、自由に書き換えて良いのだ。実際、2018年12月の時点でこれまで3回のバージョンアップが行われている。

〈自然経営の理念 Ver.1.0〉

ガイアの夜明け

私たち（自然経営研究会）は、日本文化に基づいたJINEN MANAGEMENTを育て、世界に発信し、交流し、共に考え、日本と世界が豊かになっていくことを自然にリードしています。

〈自然経営の理念 Ver.1.2〉

私たち（自然経営研究会）は、日本に既にある自然な経営を再発見し、研究し、現代に合うようにアップデートするための種を植え、見守ります。

それを世界に発信し、交流し、共に考え、日本と世界がより豊かになっていくことに貢献しちゃっています。

この他にも、「自然経営」について関係者がしゃべって音声で発信する「自然経営ラジオ」が始まり、すでに20回以上番組が続いていたりする。

こういうことは、「やりたい」という人が手を挙げ、それに乗っかる人や協力する人がいればどんどん進んでいく。

活動が始まって半年くらいたつと、会の運営に関わることや全体に影響することを「公開アドバイスプロセス」で決めていこうというコンセンサスもできてきた。

「公開アドバイスプロセス」というのは『ティール組織』に出てくるオランダの在宅ケア組織「ビュートゾルフ」が実践する意思決定の方法だ。

自然経営研究会ではビュートゾルフのやり方に倣い、「こんなことをやりたい」「こういう風に変えたい」ということを考えた人は誰でも、そのアイデアを会のブログに投稿して一定期間コメントをもらう時間をとる。

その後、発案者は集まったコメントを確認した上で、自分で意思決定し、その結果を公表する。これまで、月例会の日程や企業との共催という方法を取るかどうか、会費の集め方やイベントの参加者管理の方法をどうするか、といったことが公開アドバイスプロセスを経て決められている。

自然経営研究会の運営自体が管理しない経営の実践の場になっているわけだが、ここから新たな事業が生まれたりするととても面白いと思う。

このコミュニティに集まっている人はみんな別に仕事があるので、自然経営研究会で稼ぐ必要はない。だからこそ、失敗を恐れずにチャレンジできる。

それに、もし成功して収益が生まれたらそれをどのように分配するのか、その難しさにみんなで向き合えたら、とても良い経験になるはずだ。

個人の意識ではなく、仕組み作りで組織を変える

「Tonashiba」を始めてみて、世の中の会社に対する啓発活動の必要性を感じたことが自然経営研究会発足のきっかけになったわけだが、この研究会で組織コンサルティングにも取り組み始めた。

今は自然経営研究会の代表理事である山田裕嗣《やまだゆうじ》さんと僕を中心にいくつかの会社を支援している。

最初はダイヤモンドメディアの事業として始めたが、今後は自然経営研究会の事業として運営していく予定だ。

どの会社も「変わりたい」という意思はあるはずだ。しかし、これがなかなか一筋縄ではいかない。

管理しない経営に変わっていくために、まずは情報を透明にしていきましょう、という話から始めることが多いのだが、話を進めるうちに相手の思考がストップしてしまう。

「あ、そういう話だと、私は決められません。上の人に決めてもらわないと……」という話になるのだ。

どこで思考がストップするかは人によって違うのだが、かなり優秀で会社に対する思いも持っている人が、与えられた目標や予算の範囲でだけ物事を考え、その枠を超えることができないというのはとてももったいないな、と感じる。

もちろん、その人の経験やスキルによって、どこまで実行できるかは異なるだろう。それでも、「ここから先は自分が考えることじゃありません」と言われてしまうと、「この人は、会社と自分の間に壁を作ってしまっているんだな」と感じ、僕はなんともいえず寂しく感じてしまう。

できるかどうかは別にして、「自分はこうしたい」ということをもっと自由に考え、口にしたっていいはずだ。

ただ、それはその人個人のせいというよりは、従来の会社の構造が社員の当事者性を失わせるようなものになっているからなのだと思う。

僕がダイヤモンドメディアの中でも、他の会社のコンサルティングでも特に意識しているのは、人間の意識変革みたいなところから入るのではなく、会社のシステムや環境を変えることに注力するということだ。

個人の考え方の変化は、最後はその個人に依存するので「まずは意識を変えましょう」というのを組織コンサルティングのスタートにするのは適していないと思うからだ。

反対に、環境を変えれば人間の行動が変わり、やがては意識も変わっていくことがある。だから管理しない経営を実現したいという会社に対しては、「とにかく情報を透明にしましょう」、「役職をなくしちゃいましょう」と言って、ある意味、形から入ることを勧めている。

自然経営の価値みたいなものはまだよく分からなくても、とりあえず給料をオープンにしてみると、隠れていた課題が見えるようになり、みんなで議論をせざるを得なくなり、組織は勝手に自然経営的なものになっていく、という順番だ。

ただ、情報を透明に、給料をオープンに、というのは一般的な会社にとってはかなりハードルが高い。

自分の権限の枠を超えると思考がストップしてしまう人にとっては「そんなことは自分で決められない」となるし、逆に経営トップであっても情報を統制することで組織をコントロールしている現状があると、その権力を手放すことに不安や恐怖を感じてしまうからだ。

結局、「給料までオープンにするのは、うちではできませんね」みたいな話になりがちだ。でも本来はここに切り込まないと、いくら社員に「自由にやってくれ」と言っても、上の人が最終的な権力を握ったままという構造は変わらず、みんなが本当に自律的に動ける組織にはならないと思う。

逆に、思い切って情報を透明にした会社は、どんどん良い方向に変わっていっている。

例えば、ブレスカンパニーという会社を経営する坂東孝浩氏は、「経営者が会社をコントロールする権利（決裁権、人事権）を手放す」ということを決心した。

もともとの経営スタイルを一新、それまで社員に課していた目標やルールをリセットし、経営情報をすべてオープンにし、会社のことをみんなで話し合って決めていくスタイルに大転換したのだ。

ダイヤモンドメディアと同様、給料の額もみんなで決めるし、働く時間も自由にした。すると、最初の1ヶ月で辞めてしまう社員もいたそうだが、残った人たちは会社の存在意義について本質的な議論をするようになり、大きな変化が起きたという。

そのブレスカンパニーの変化を表すエピソードのひとつに、僕はすごく感動した。それは小学校と保育園に通う3人の子供たちを育てながら働いている女性社員さんの話だ。

以前は会社の始業時刻は朝9時と決まっていて、時間どおりに出社するために「早くご飯食べなさい！」とか「早く着替えなさい！」とか、大声を上げて子どもたちを急かす毎日だったそう。

それが、勤務時間が自由になったことで怒鳴らなくて良くなった。そうすると、家族と過ごす朝の時間が平和で豊かになったそうだ。

しかも、それで会社の出社時刻が大幅に遅くなったかというとそんなことはなく、実質は5分くらいしか変わっていないという。

たった5分だけ早く行動するために、以前は朝から神経をすり減らしていた。時間のルールがなくなるだけで、こんなにも人生が豊かになるのかと感じ、職場に対する満足度が100倍くらい上がり、会社に貢献したいという気持ちも高まったそうだ。

今、多くの会社が社員のワークライフバランス向上とか生産性向上なんかを目指して、フレックスタイムや在宅勤務のような制度を導入しようとしている。

でも、ライフスタイルも価値観も人それぞれだから、社員みんなが嬉しいと感じる働き方なんて一律に決められるものではない。

制度やルールを作るよりも、なるべく自由度をあげて、一人ひとりに任せるのが、みんなの幸せにつながる方法なのではないだろうか。

だから僕は、会社として努力すべきなのは制度やルールを細かく作ることではなく、みんなの自由に任せても、暴走しないでちゃんと一つの会社でいられる状態をいかに作るか、ということだと思う。

組織も社会のあり方も過渡期を迎えている

みんながそれぞれの意思で行動し、それが全体のためにもなる状態、言い換えると、自律と分散と統合という、相反するものが同居できる状態の実現は、会社だけでなく、コミュニティ、地域社会や国家という単位でも追求すべき課題だ。

というのも、今はこれまで発達してきた資本主義経済や私有財産権をもとにしたシステムと現実との間で明らかにギャップが生まれてきている。

「会社は誰のものか」「みんなが使っているこの土地は誰のものか」ということに、簡単に答えが出なくなっているのだ。

アメリカのような格差の大きな国では、大企業のCEOがその従業員の平均給与の200倍の報酬をもらっているなんてこともザラだけど、そういう状態はあきらかにおかしい。もっと必要なところに富が行き渡るようにするには、新しい報酬制度や税制が必要だ。

なんで僕が国や世界レベルのことを考えているんだろうと、ふと我に返ることもあるけれど、会社の中をフラットにしたら、それを取り巻く株主との関係も考えざるを得ないし、そこまでいくと資本主義経済の仕組みにも疑問がわいてくる。ひとつのことに疑問を持つと、芋づる式に深掘りしていかざるを得ない。

最近は会社の経営だけじゃなくて、地域コミュニティやら政府関係のプロジェクトにも関わるようになった。そこで分かったのは、組織開発（経営）も教育も街づくりも自治も政治も税金の仕組みも株式市場の仕組みも、全部同じだということ。

これら全てを「社会システム」と言い換えると、今までの社会システムは「インフレし続ける社会」つまり無限成長の世界を前提につくられてきたことがわかる。人口が増え続けるから経済も成長し続ける。その前提でデザインされている。

でも今日本や他の先進国は、人口減少期に入っている。ＩＴが発達して経済から無駄が削ぎ落とされてきている。そんな中でＧＤＰをＫＰＩにして成長を求めるのは、むしろおかしい。

これから求められる社会は、インフレの時もデフレの時も同じようにサステイナブルである社会。それはまさに、ダイヤモンドメディアがつくってきた組織のあり方にも通じるのではないかと思う。

こう考えると、僕らのやっていることは人事制度や組織といった範囲に留まるものではなく、社会システムのリデザインであるとも言えるかもしれない。

まだまだ理想の状態には程遠いけれど、ブロックチェーンのような新しい仕組みやシステムがどんどん生まれてきていて、社会は変わりつつある。

新しい株式市場や経済システムは、国や世界のトップレベルでつくるのではなく、あちこちで分散的に生まれ、発達していくのが良いだろう。だからスピードはゆっくりかもしれないけれどきっと変わる。

僕らはこれからも、その流れに逆らわず「良い会社」「良い組織」について考え続けていきたいと思う。

おわりに

「武井さん、うちで本を書きませんか」。

編集者の斉藤さんから最初に連絡をもらったのは2018年の2月だった。大変丁寧なお手紙をもらい、広報のまさみちゃんと二人で感激した。

そこから、この本が完成するまで1年かかった。

思い返せば、この本の制作プロセス自体が、僕が考える「管理しない経営」のエッセンスを体現していた。

2月に斉藤さんと話して「やりましょう」となり、そこからどんなテーマでいくかを散々議論した後で、次に行ったのは創業時のメンバーたちとの飲み会だった。

小林憲人、染谷衛、岡村雅信、関戸翔太。そしてまさみちゃんと斉藤さん。外苑前の居酒屋に久しぶりに集まったメンバーたちと、3時間か4時間か、酔っ払いながらダイヤモンドメディアの初期の頃を振り返った。何が楽しかったのかもうよく覚えていないけどめちゃくちゃに楽しくて、馬鹿騒ぎして、その2週間後くらいに斉藤さんが構成案を持ってきてくれた。飲み会の時のたわいもない会話を全部録音して、聞き直して構成を作ってくれたという。

でも、今考えると、あの飲み会の熱量がなければ、この本は生まれなかったように思う。それからまさみちゃんと相談して、僕たちがすごくお世話になっているライターのやつづかえりさんにこの本の執筆を依頼した。

そうそう。だから僕はこの本を、この後にまとめる「謝辞」以外、自分の手で書いてない。斉藤さんと、やつづかさんと、まさみちゃんが僕のとりとめのない話とダイヤモンドメディアの「今」を丁寧にすくって、まとめあげてくれた。

まさみちゃん曰く「餅は餅屋に」という。僕は作家ではないから、文章を上手に早く書くことはできない。だけど思いや考えはある。僕の経験や、思いや考えがコンテンツとして価値があるなら、プロの彼らにコンテンツを提供し、読者にとって読みやすくわかりやすい形で伝えたい内容を届けてもらうのが一番だ。やつづかさんは僕たちのことを僕たち以上に知っているんじゃないかと思うくらい、見事に原稿をまとめ上げてくれた。一生、足を向けて眠れない。

未来というのは予測不可能だ。予測不可能を楽しむというのが人生の醍醐味であり、予測不可能の楽しさを改めて感じさせてくれたのがこの一冊だった。

「管理しない経営」を貫くと、人間の縁が生み出す可能性に目を向けざるを得なくなる。誰かが決めたことを他の人が達成するんじゃなく、縁の中から生まれる偶発的なものを楽しむことで、思ってもみなかった新しい価値が生まれる。そのプロセスはしんどい時もあるけれど、でも楽しい。

僕たちは今日も変化を続けていて、もしかするとこの本があなたの手に届く頃には、この本とは全然違うことをやっているかもしれない。だから今の僕らが気になったら、Facebookページをフォローしてみてほしい。今のところ、ここが会社の最新の情報を発信する場所になっている。(https://www.facebook.com/diamondmedia.co.jp/)

でも、大げさだけど、この本があなたの手元に届いたこと自体、すごく予測不可能で奇跡に近いことだ。このプロセスを一緒に楽しめてもらえたなら、これほど嬉しいことはない。

謝辞

「謝辞を書く。」

という書籍出版の世界に於いては至極当たり前のことが、今はひどく難しく感じられる。

本当に多くの方々の影響のもと、この本は上梓されるに至っている。本書を上梓するにあたり、関わって頂いている方々に感謝の気持ちを述べたいのは山々ではあるのだが、如何せんその対象が多すぎる。

この本を出版するにあたって直接的に関わってくれた方々だけでなく、
仕事を通じて苦楽を共にしているダイヤモンドメディアの仲間たち。
金銭面以外でも沢山の報酬を与えてくれるお客様たち。
共感の中でコミュニティ活動を共にする仲間たち。
近くに住まう地域コミュニティの仲間たち。

本書を手に取ってくださった読者のみなさま。
人生を共にする家族。
そしてこの世界を共にする全て。

僕は世界を複雑系として捉えている。その世界観のもとでは万物は相互に影響し合っている。今の僕は、身近な人や関わっている事象だけでなく、過去から今に至るまでの全ての影響下にあるわけで、その全てを紐解いて言語化することはできない。

個人的な、そして理想的な言い方をすれば、その全てに僕は感謝をしているし、できることならばその想いを言語化し伝えたい。しかしながら上手く表現できない。

成熟した経済社会において、ましてやＩＴが社会インフラとして定着した現代社会においては、好むと好まざると全ては互いへの影響を強めざるを得ない。答えのない世界に僕らは生きているわけで、僕は物事を因果関係で単純化してしまうことを好まない。

仏教には「因縁果（いんえんか）」という言葉がある。

物事の原因は、様々な縁によって結果となる。タネである因そのものも大切だが、縁も同じように大切にする。そういった風に僕は捉えている。

日本語には縁に関する言葉が沢山存在する。「縁起」「縁日」「縁側」「縁（ゆかり）」。歴史を紡いできた日本の言葉の美しさに惹かれると同時に、それらの意味を時として表面的にしか理解していない自分に気づく。だからこそ、本書の謝辞に於いては、特定の誰かを対象にして謝辞を贈りたくないと思った次第だ。

甚だ私的な我儘であるのは間違いないと思うのだが、僕のこういった考えの根本が、ダイヤモンドメディアの一風変わった、そして少し面倒くさい経営に繋がっているとも思う。

このジレンマをそのまま言葉にすることで、僕の至らなさを謝するとともに、みなさまへの深い感謝の想いに代えたい。

参考図書

『株式会社に社会的責任はあるか』
奥村宏（岩波書店）
『鎌倉資本主義』
柳澤大輔（プレジデント社）
『奇跡の経営』
リカルド・セムラー（著）岩元貴久（翻訳）（総合法令出版）
『経営の未来』
ゲイリー・ハメル、ビル・ブリーン（著）藤井清美（翻訳）（日本経済新聞出版社）
『ザッポスの奇跡―アマゾンが屈した史上最強の新経営戦略』
石塚しのぶ（廣済堂出版）
『持続可能な資本主義』
新井和宏（ディスカヴァー・トゥエンティワン）

『社員をサーフィンに行かせよう―パタゴニア創業者の経営論』
イヴォン・シュイナード（著）森摂（翻訳）（東洋経済新報社）
『生物の進化に学ぶ乳幼児期の子育て』
斎藤公子（かもがわ出版）
『全員経営―自律分散イノベーション企業 成功の本質』
野中郁次郎、勝見明（日本経済新聞出版社）
『ティール組織―マネジメントの常識を覆す次世代型組織の出現』
フレデリック・ラルー（著）鈴木立哉（翻訳）嘉村賢州（解説）（英治出版）
『流れとかたち―万物のデザインを決める新たな物理法則』
エイドリアン・ベジャン、J・ペダー・ゼイン（著）柴田裕之（翻訳）（紀伊國屋書店）
『「日本一労働時間が短い〝超ホワイト企業〟は利益率業界一！」山田昭男のリーダー学』
天外伺朗（講談社）
『働かないアリに意義がある』
長谷川英祐（ＫＡＤＯＫＡＷＡ）
『パタン・ランゲージ』
クリストファー・アレグザンダー（著）平田翰那（翻訳）（鹿島出版会）

『発酵道―酒蔵の微生物が教えてくれた人間の生き方』
寺田啓佐（スタジオＫ）
『非常識経営の夜明け―燃える「フロー」型組織が奇跡を生む』
天外伺朗（講談社）
『ピーターの法則』
ローレンス・Ｊ・ピーター、レイモンド・ハル（著）渡辺伸也（翻訳）（ダイヤモンド社）
『武学探究―その真を求めて』
甲野善紀、光岡英稔（冬弓舎）
『複雑系の経営―「複雑系の知」から経営者への七つのメッセージ』
田坂広志（東洋経済新報社）
『ホラクラシー―役職をなくし生産性を上げるまったく新しい組織マネジメント』
ブライアン・ロバートソン（著）瀧下哉代（翻訳）（ＰＨＰ研究所）
『負けない技術』
桜井章一（講談社）
『リンゴが教えてくれたこと』
木村秋則（日本経済新聞出版社）

『私たちはなぜ税金を納めるのか』
諸富徹（新潮社）
『わら一本の革命』
福岡正信（春秋社）

〔著 者〕

武井浩三（たけい・こうぞう）

2007年にダイヤモンドメディアを創業。

会社設立時より経営の透明性をシステム化。「給与・経費・財務諸表を全て公開」「役職・肩書を廃止」「働く時間・場所・休みは自分で決める」「起業・副業を推奨」「社長・役員は選挙と話し合いで決める」といった独自の企業文化は、「管理しない」マネジメント手法を用いた次世代型企業として注目を集めるようになった。

現在では不動産テック領域におけるITサービスを中心にサービス展開を進める一方、ティール組織・ホラクラシー経営等、自律分散型経営の日本における第一人者としてメディアへの寄稿・講演・組織支援なども行う。

2018年7月にはこれらの経営を「自然《じねん》経営」と称して一般社団法人自然経営研究会を設立、代表理事を務め、新しい組織の在り方を広める活動を行なっている。

一般社団法人不動産テック協会の代表理事も務める。

著書に「社長も投票で決める会社をやってみた。」（WAVE出版）。

〔文・構成〕

やつづか えり

1976年生まれ。一橋大学社会学部卒業後、コクヨ、ベネッセコーポレーションで情報システムやウェブサービスの企画・開発・運用に携わり、2010年フリーランスに。

2013年に組織人の新しい働き方、暮らし方を紹介するウェブマガジン『My Desk and Team』開始。それ以来、これからの働き方や組織のあり方をテーマに取材、執筆を続けている。

管理《かんり》なしで組織《そしき》を育《そだ》てる

2019年3月31日　第1刷発行

著者――――――　武井浩三《たけいこうぞう》
発行者―――――　佐藤　靖
発行所―――――　大和《だいわ》書房
東京都文京区関口1-33-4
電話　03-3203-4511

編集協力――――　青柳真紗美

装丁――――――　井上新八
本文デザイン――　松好那名（matt's work）

本文印刷――――　厚徳社
カバー印刷―――　歩プロセス
製本――――――　小泉製本

ISBN 978-4-479-79686-2

http://www.daiwashobo.co.jp/